Loi n° 49 956 du 16 juillet 1949 sur les publications
destinées à la jeunesse

helium-editions.fr/

N° d'édition : JE 143/2

ISBN : 978-2-330-01659-3

Dépôt légal : premier semestre 2013

Conception graphique : Katie Fechtmann

Imprimé par Grafiche AZ en Italie en juillet 2014

TOUS LES GRATTE-CIEL SONT DANS LA NATURE

Didier Cornille

hélium

SOMMAIRE

INTRODUCTION

Depuis Babel, on a toujours construit des tours impressionnantes. Avec l'apparition de l'architecture de fer, dont la tour Eiffel est l'emblème, on a pu construire de plus en plus haut.

Le gratte-ciel est une invention urbaine américaine beaucoup plus récente. On en trouve aujourd'hui partout dans le monde.

Ce livre explique l'histoire de ces tours et gratte-ciel qui ont fait rêver tant d'architectes. Tu verras ce qu'ils ont mis au point pour les rendre hauts et légers, mais surtout solides et capables de vaincre la force du vent. Et, par-dessus tout, très beaux, pour mériter ta visite et te donner, pourquoi pas, l'envie d'y vivre un jour.

1889

LA TOUR EIFFEL

GUSTAVE EIFFEL

UNE TOUR TOUTE EN FER

324 MÈTRES

Ingénieur de formation, Gustave Eiffel (1832-1923) se spécialise dans la construction métallique et dirige plusieurs chantiers, comme celui du pont ferroviaire de Bordeaux. En 1867, il installe son entreprise à Levallois-Perret, près de Paris, et se lance dans la conception et la réalisation de projets audacieux.

Il réalise des ponts grandioses…

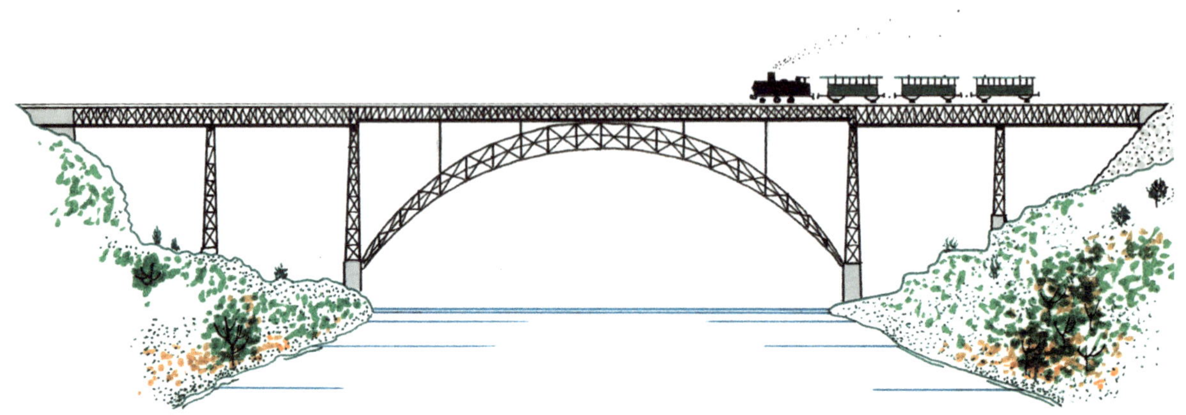

… comme celui de Porto (Portugal, 1877)…

… et celui de Garabit (France, 1884).

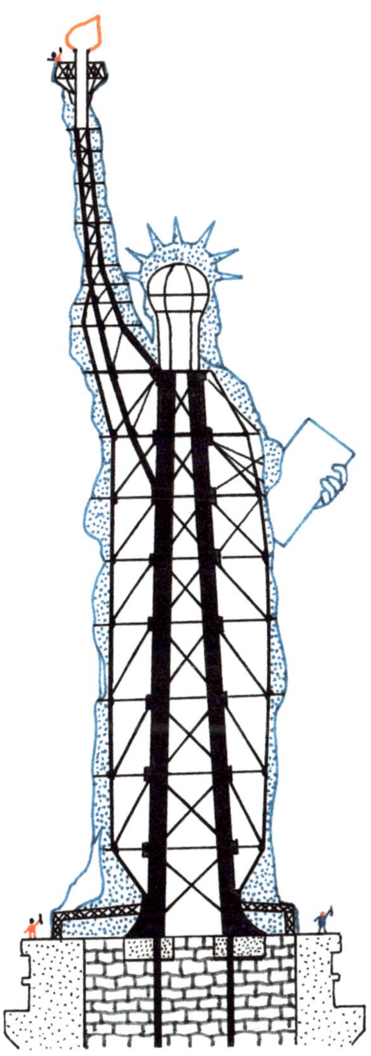

Il invente aussi l'armature géante de la statue de la Liberté d'Auguste Bartholdi, installée à New York en 1886.

Pour Gustave Eiffel, le fer est le matériau de l'avenir. Plus léger que la maçonnerie, il est résistant et élastique, permettant de grandes constructions en poutres à treillis très solides.

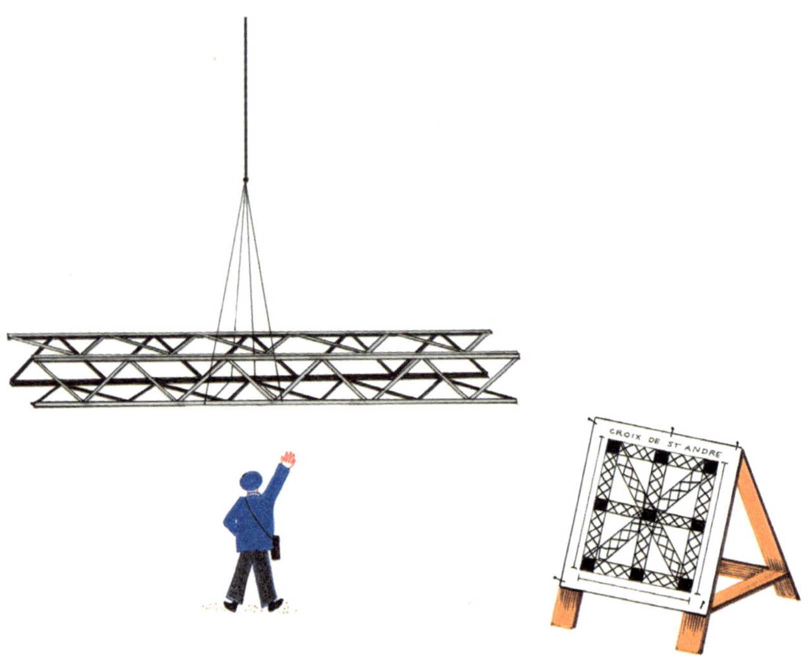

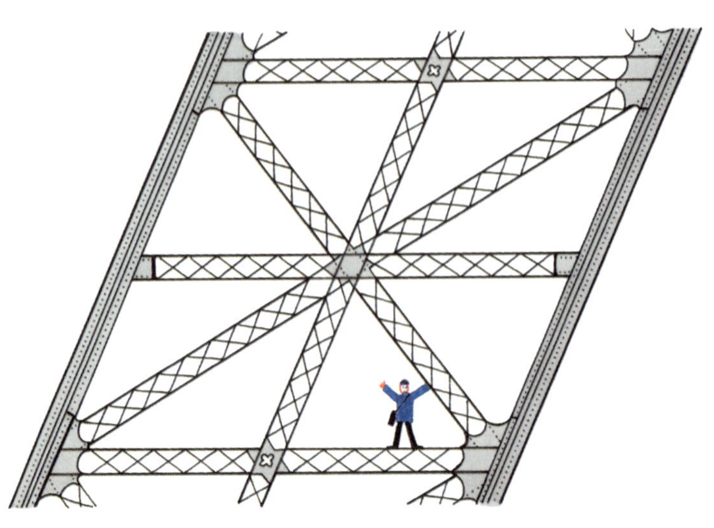

À l'occasion de l'Exposition universelle de 1889, à Paris, l'ingénieur défend une nouvelle idée : une tour de 300 mètres, mise au point par le duo Nouguier et Koechlin, qui sera le clou de l'Exposition.

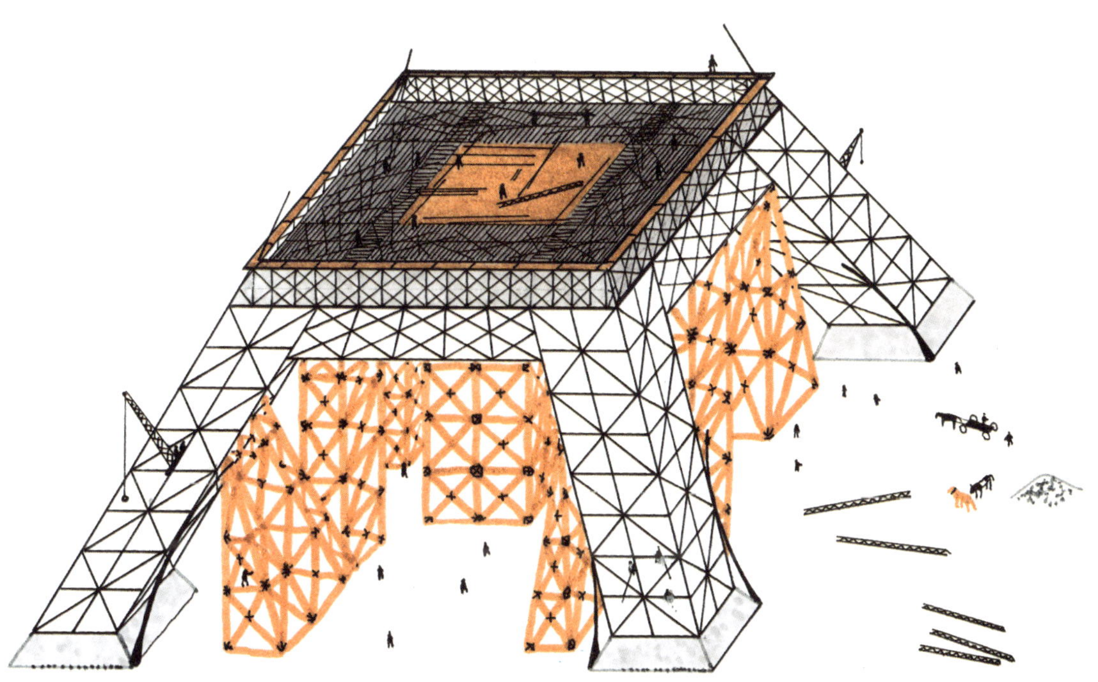

Ancré sur quatre pieds évasés, cet immense pylône s'élèvera en s'affinant, comme dessiné par le vent.
Les quatre piliers convergent pour former une sorte de tabouret géant.

Ils se rejoignent plus haut en une seule colonne constituée de croisillons en fer, qui se prolongent jusqu'au sommet.

Il était prévu que la tour soit détruite aussitôt après l'Exposition. Mais, bien que décriée par beaucoup, elle se révèle très utile. On y installe un observatoire et une antenne tout en haut.

La tour devient l'emblème de Paris.

Gustave Eiffel y mène des recherches d'aérodynamisme. Il étudie la force du vent à son sommet, et expérimente un appareil de chute pour comprendre la gravité.

Il dessine aussi le projet d'un câble simulateur de vol, qui ne sera pas réalisé.

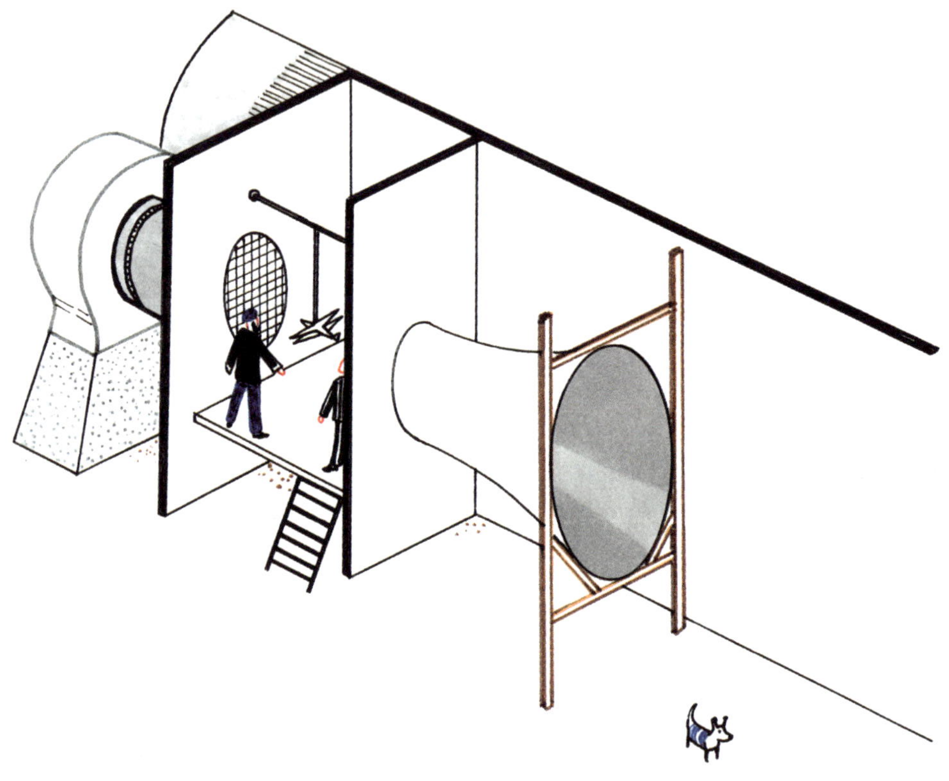

Enfin, il installe une soufflerie près de la tour.

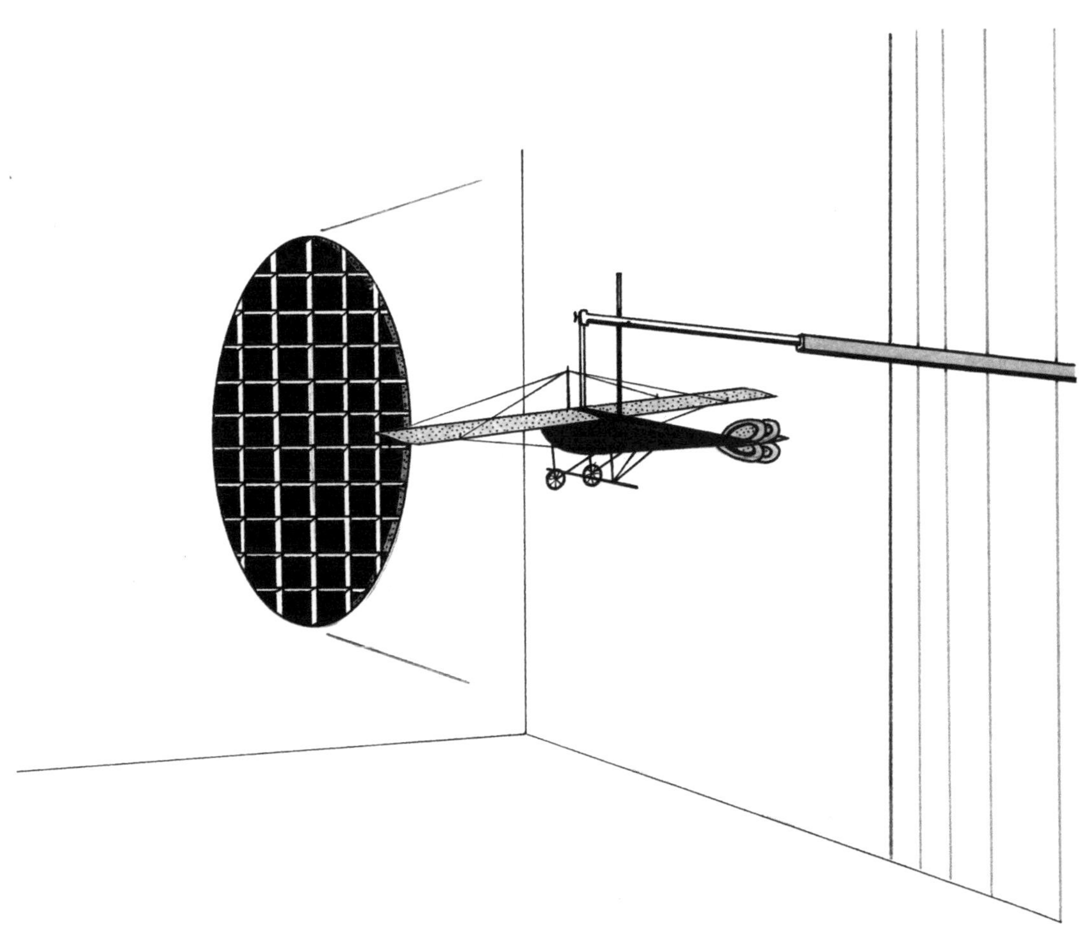

Les pionniers de l'aviation y testeront leurs premiers modèles.

1895
LE GUARANTY BUILDING

LOUIS SULLIVAN

UN GRATTE-CIEL ARTISTIQUE

51 MÈTRES

Louis Sullivan (1856-1924) étudie l'architecture à Boston (États-Unis), avant de gagner l'Europe où il s'inscrit à l'École des beaux-arts de Paris. De retour en Amérique, il rejoint Chicago, une ville en pleine reconstruction après le grand incendie de 1871. Pour la première fois, on utilise des charpentes légères en acier permettant d'édifier des immeubles élevés, desservis par les nouveaux ascenseurs – qui existaient, eux, depuis 1853.

Le commanditaire, Hascal L. Taylor, souhaitait un bâtiment de prestige et d'avant-garde pour attirer les hommes d'affaires à Buffalo. Il fait donc appel à Sullivan, qui répond à ses aspirations en construisant l'un des premiers buildings américains.

L'architecte comprend que la ville a des besoins modernes, d'espaces destinés au commerce et au travail de bureau. S'inspirant des organismes observés dans la nature, il conçoit des édifices qui répondent à ces fonctions et leur donne une forme adéquate.

Recouverte de faïence, la façade se compose de trois parties superposées, sans compter le sous-sol.

D'abord une partie basse, dotée de portes monumentales : on y trouve les boutiques. Puis un empilement d'étages de bureaux, et enfin le dernier étage, surmonté d'une corniche égyptienne.

Louis Sullivan a construit d'autres immeubles aux fonctions variées.

Le Walker Warehouse, 1889, Chicago, États-Unis.
Réalisé avec son associé, l'ingénieur et architecte d'origine allemande Dankmar Adler. Ce bâtiment a disparu.

L'immeuble Carson, Pirie, Scott & Company Building, 1899, Chicago, États-Unis. Un grand magasin.

1930
LE CHRYSLER BUILDING

WILLIAM VAN ALEN

ROI DE L'AUTOMOBILE

319 MÈTRES

Après des études d'architecture à Brooklyn (États-Unis), William Van Alen (1883-1953) part à Paris, où il se perfectionne auprès de Victor Laloux, l'architecte de la gare d'Orsay.
Une fois installé à New York, il étudie, en 1927, un projet d'immeuble monumental recouvert d'une coupole. Le constructeur d'automobiles Walter Chrysler lui demande d'en faire le plus haut gratte-ciel du monde, à la gloire de son entreprise.

Le Chrysler Building, 1930, New York, États-Unis.

Mais au même moment on annonce la construction de l'Empire State Building, un gratte-ciel qui devra atteindre 305 mètres et devenir le plus haut du monde.
Une compétition s'installe. William Van Alen projette alors de remplacer la coupole initialement prévue par une flèche.
Le Chrysler Building culmine à 319 mètres...

L'Empire State Building, 1931, New York, États-Unis.

… jusqu'au moment où on ajoute un mât au sommet de l'Empire State Building, pour y accueillir les dirigeables. Le bâtiment atteint 381 mètres.

Le record est battu !

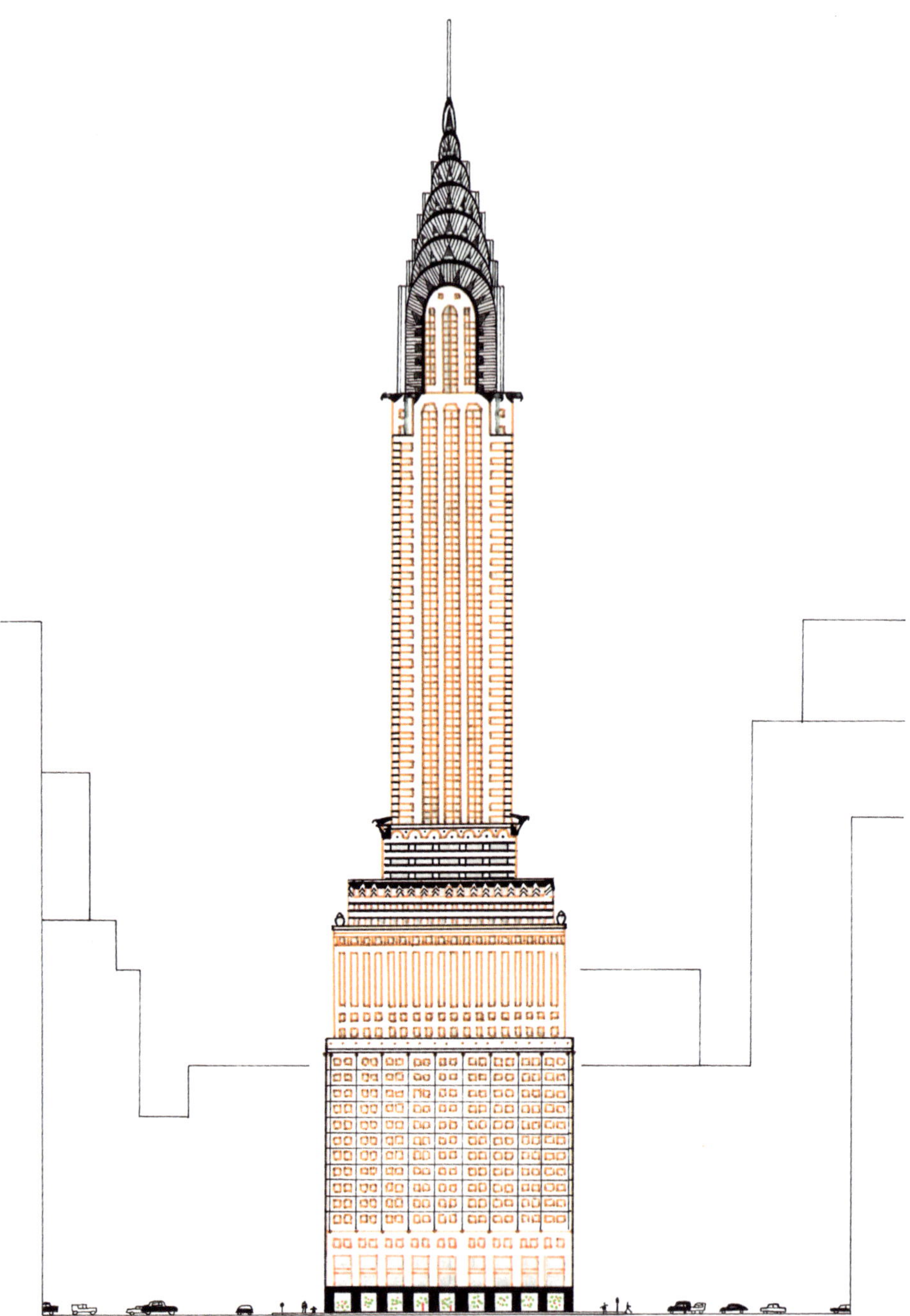

Le Chrysler Building est aussi le premier gratte-ciel Art déco, un style qui fait alors fureur.
C'est un bâtiment magnifique, en gradins et très effilé, inspiré des ziggourats babyloniennes. Son armature d'acier est entièrement recouverte de briques vernissées.

La flèche, également en acier, ressemble à une superposition de couronnes. On la reconnaît de loin.

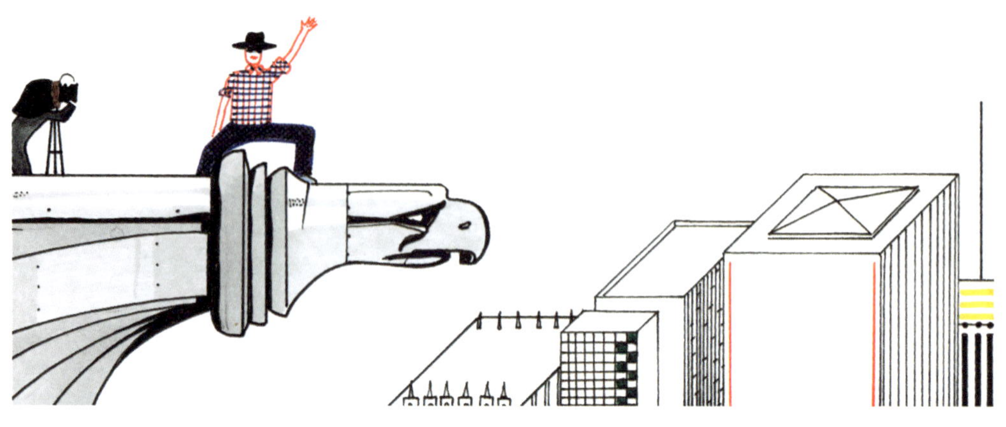

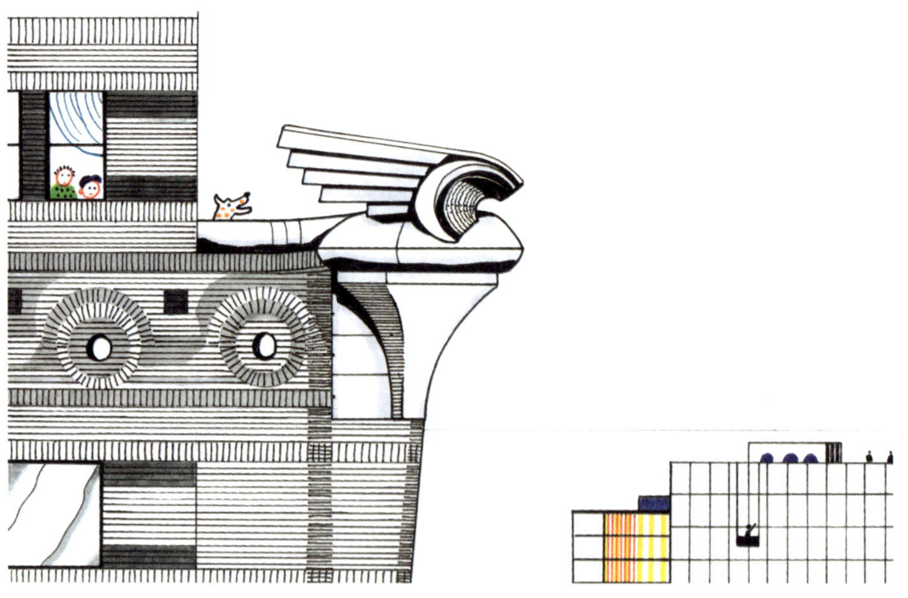

L'édifice est ponctué d'enjoliveurs de voitures surdimensionnés.

Le rez-de-chaussée servait à exposer de belles voitures.
On y entrait par un très beau hall, décoré de marbres multicolores.

1958
LE SEAGRAM BUILDING

MIES VAN DER ROHE

UN BUILDING SOBRE ET ÉLÉGANT

157 MÈTRES

Après avoir dirigé la fameuse école de design du Bauhaus, l'architecte Ludwig Mies van der Rohe (1886-1969) fuit l'Allemagne nazie en 1938 et s'installe aux États-Unis, où il est nommé directeur de l'Illinois Institute of Technology de Chicago.

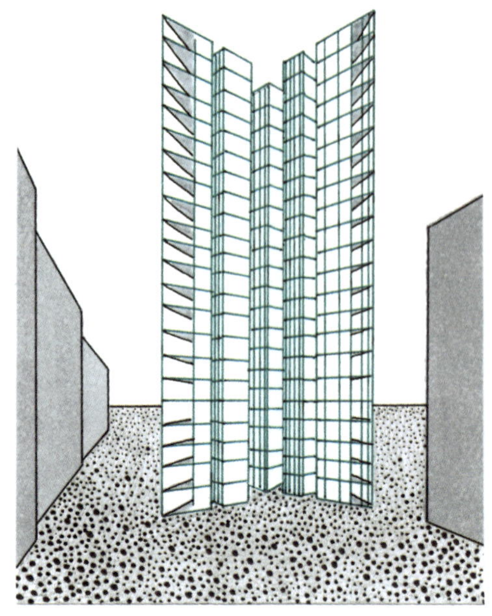

Il découvre les magnifiques buildings de Chicago et devient l'ami du promoteur Herbert Greenwald. Leur collaboration permet à l'architecte de concrétiser ses projets de tours de verre imaginées dans les années 1920.

Bénéficiant des progrès de l'industrie américaine, il met au point un système original de construction à ossature d'acier. Mies van der Rohe souhaite que celle-ci reste toujours visible.

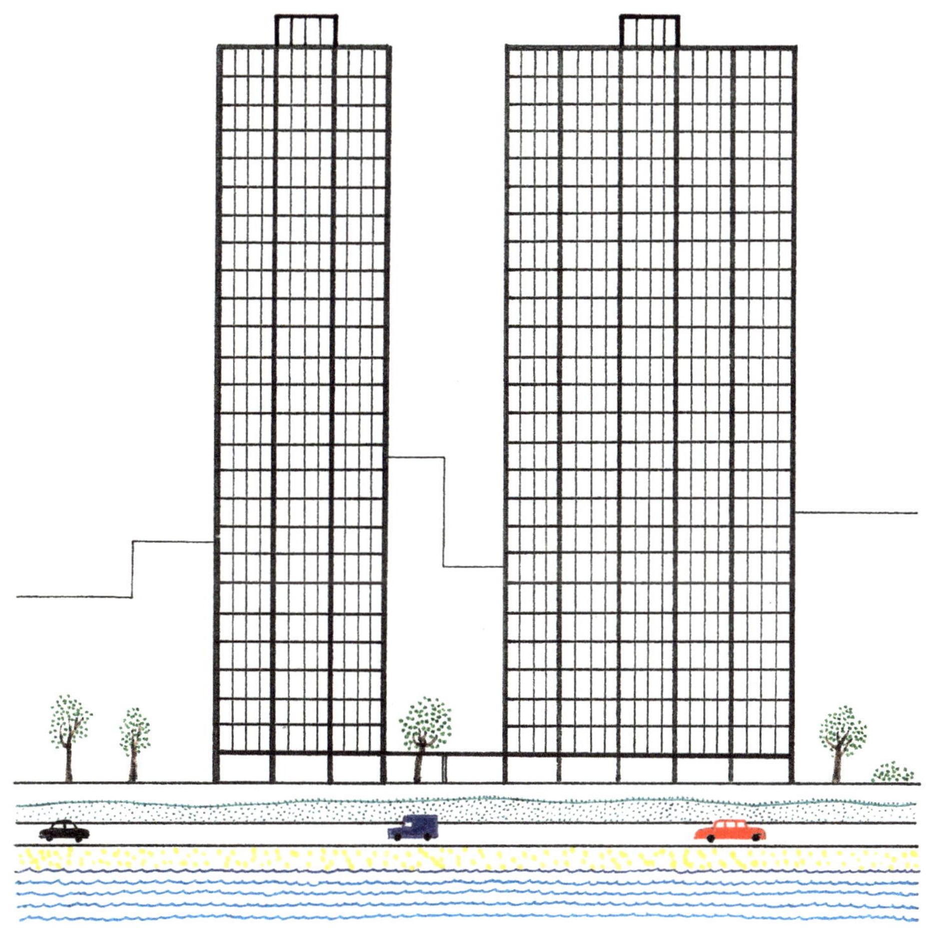

Les appartements 860–880 Lake Shore Drive (Chicago, 1951), des immeubles d'habitation, en sont un bel exemple.

Au milieu des années 1950, la société Seagram passe commande à Mies van der Rohe d'un grand projet d'immeuble pour ses bureaux de New York.

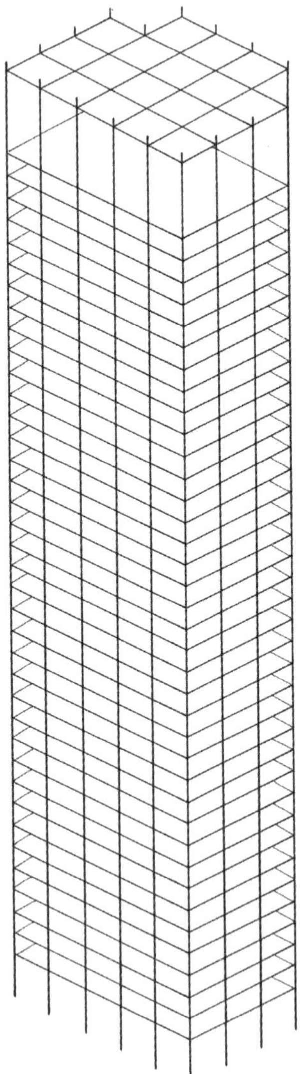

C'est d'abord une grande carcasse d'acier…

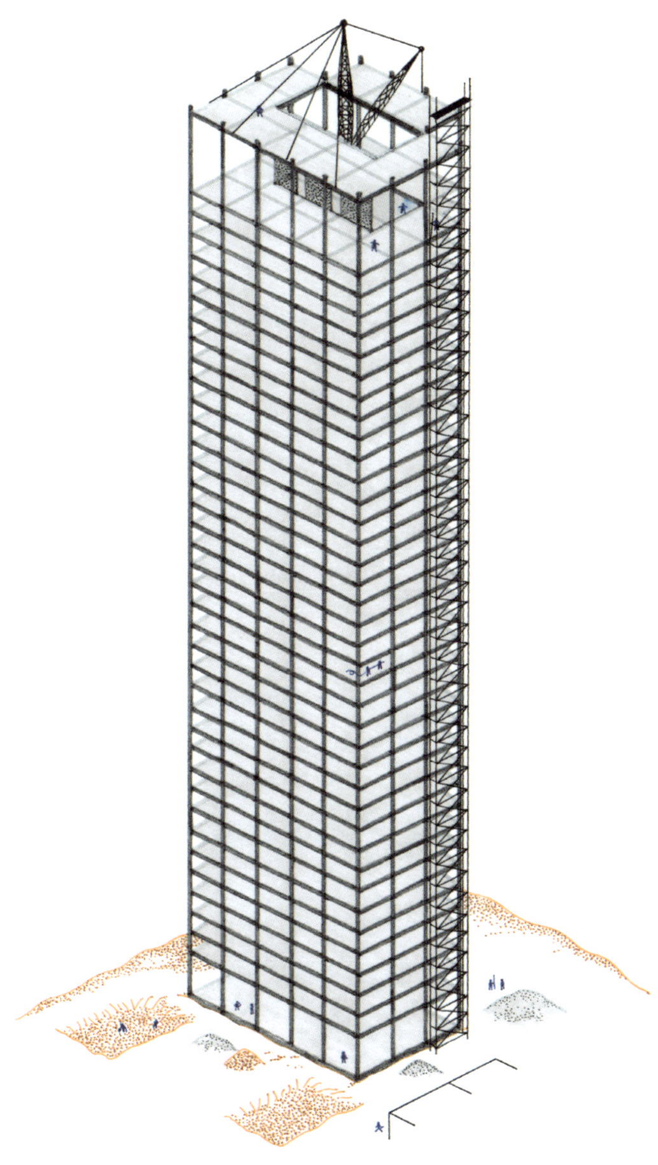

… qu'on enrobe de béton pour la protéger du feu.

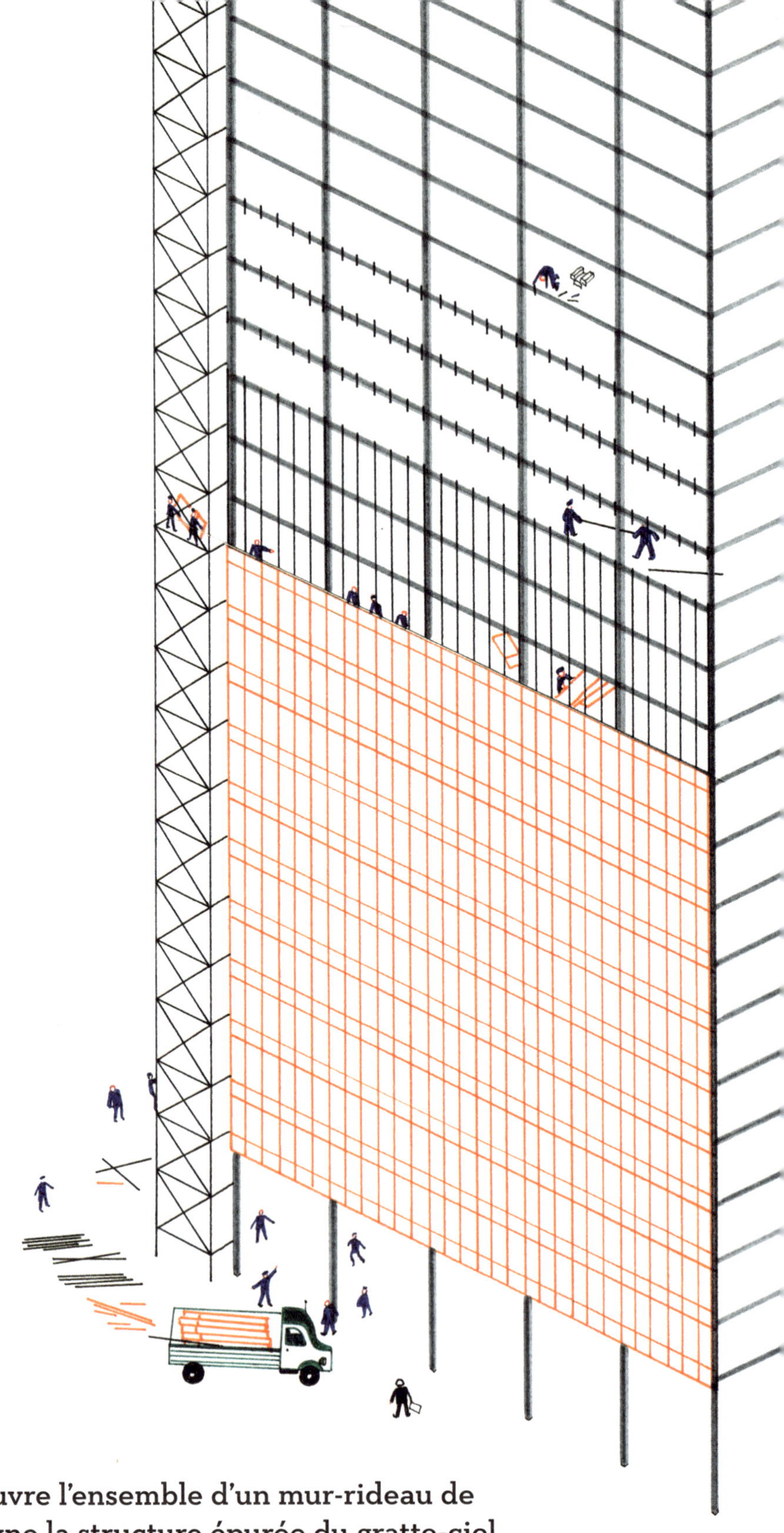

L'architecte recouvre l'ensemble d'un mur-rideau de bronze, qui souligne la structure épurée du gratte-ciel.

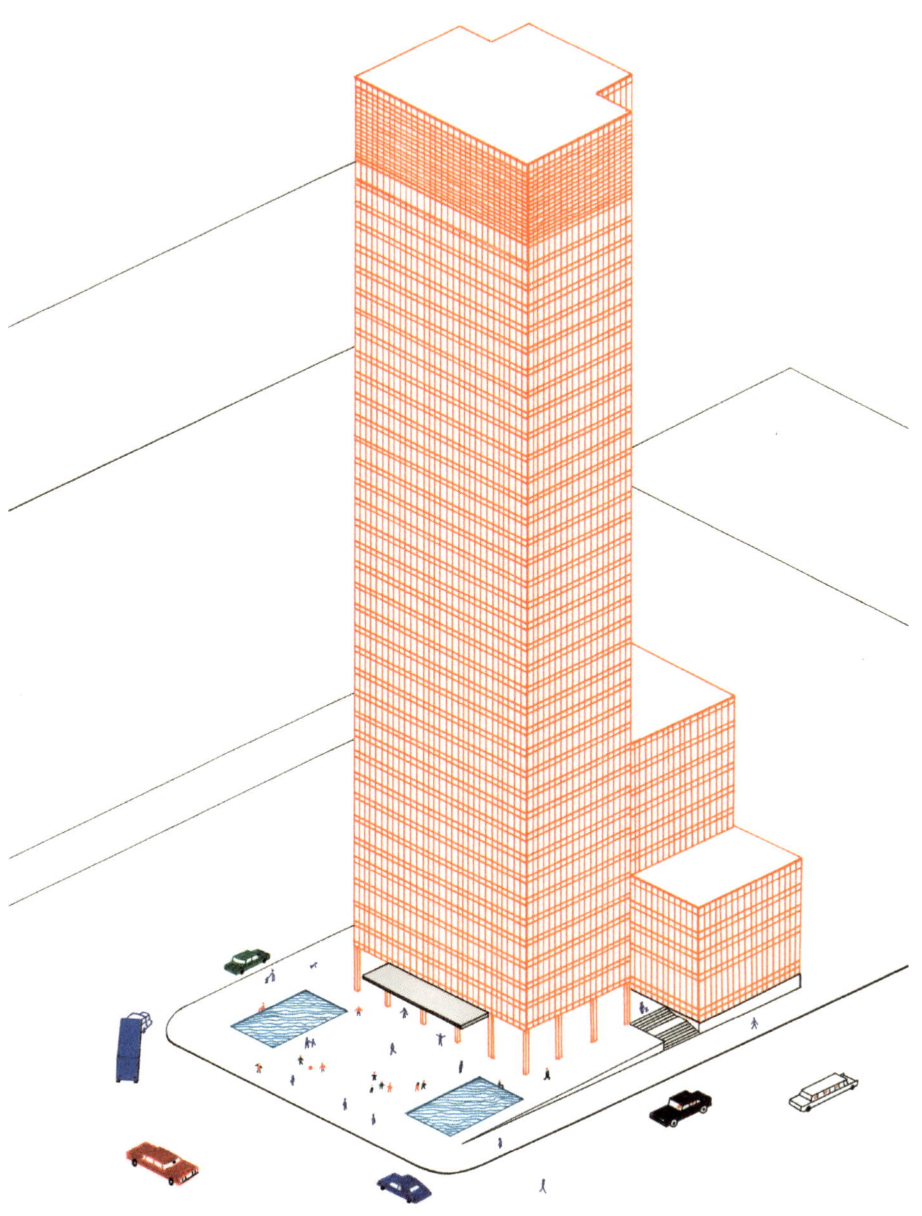

Placé en retrait de la rue, c’est un bâtiment somptueux.
On y accède à l’aide d’un large parvis qui accueille les visiteurs.

1969
LE JOHN HANCOCK CENTER

FAZLUR RAHMAN KHAN

UNE VILLE TOUTE EN HAUTEUR

344 MÈTRES

Fazlur Khan (1929-1982) est un ingénieur indien. Il parfait sa formation en mécanique appliquée et en construction civile aux États-Unis. Associé au cabinet d'architectes Skidmore, Owings et Merrill de Chicago, il conçoit des gratte-ciel géants comme le John Hancock Center, à Chicago.

Le principe est celui d'un tube rigide constitué de tiges métalliques en faisceau sur lesquelles reposent tous les étages.

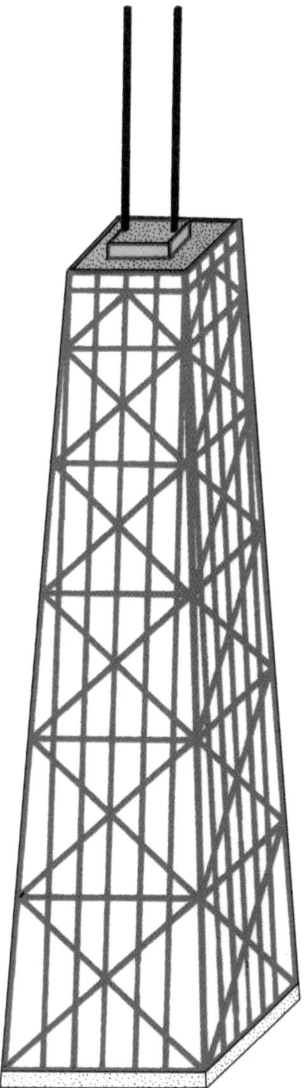

Cet obélisque monumental, dont l'ossature d'acier est apparente, a un aspect bien singulier.

Au départ, on projetait de construire deux tours distinctes, l'une de bureaux, l'autre destinée à être habitée. Par manque de place, on les a superposées.
Elles forment ainsi une véritable ville verticale.

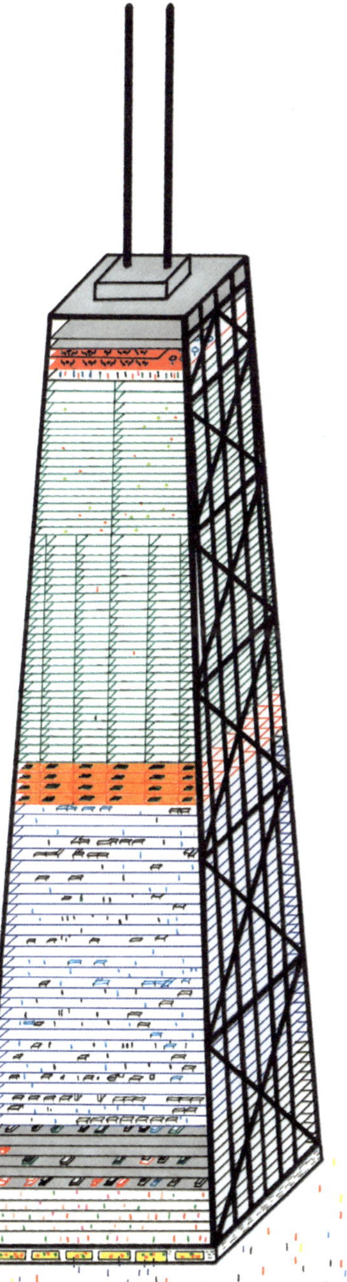

Au sommet, un grand café-restaurant permet de jouir d'une vue imprenable sur le lac Michigan.

Au-dessous, un hôtel et 48 étages d'appartements.

Dans la partie basse, on trouve des commerces, des parkings et 39 étages de bureaux.

La tour domine le lac Michigan.

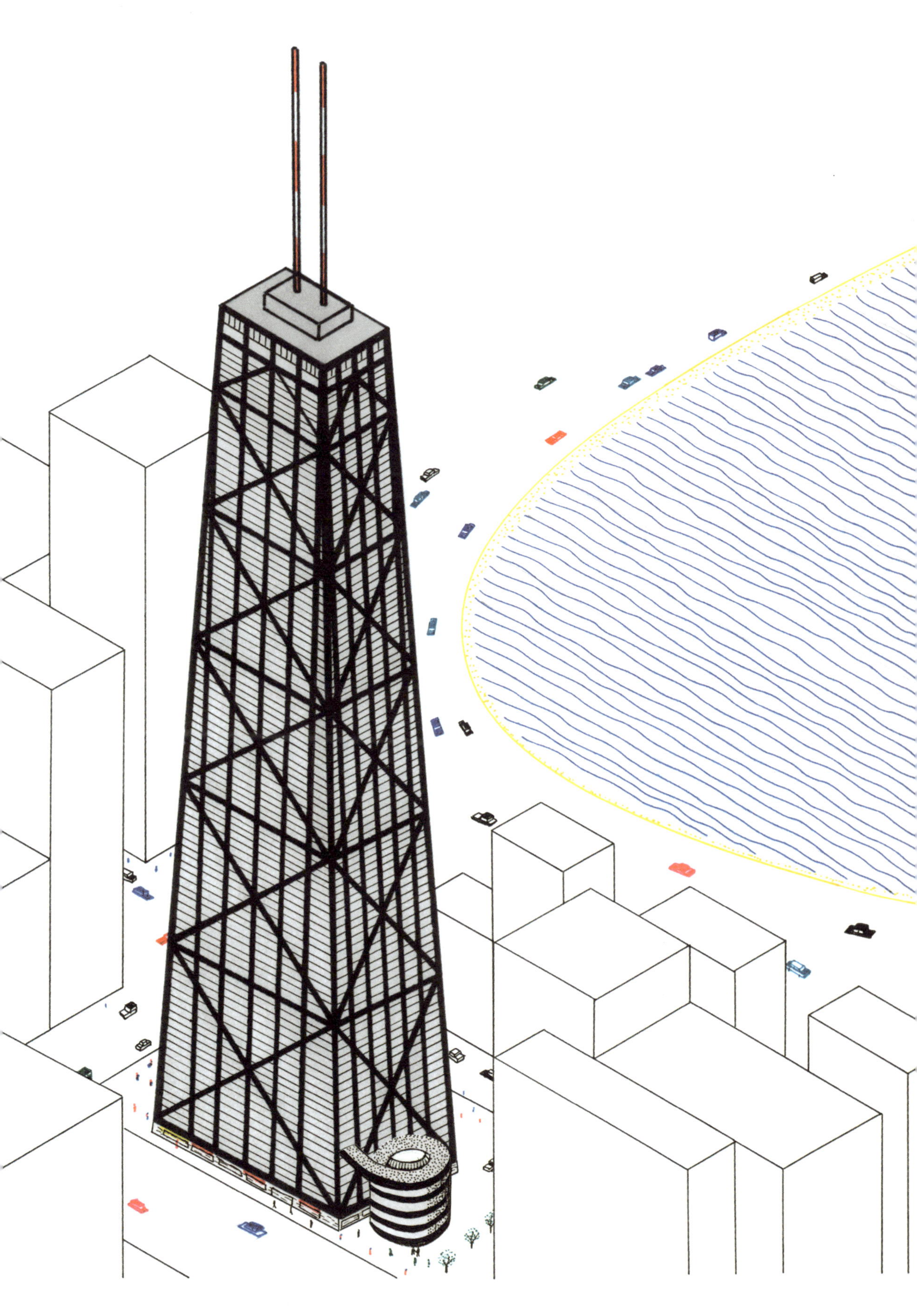

Fazlur Khan a aussi participé à la réalisation d'autres constructions :

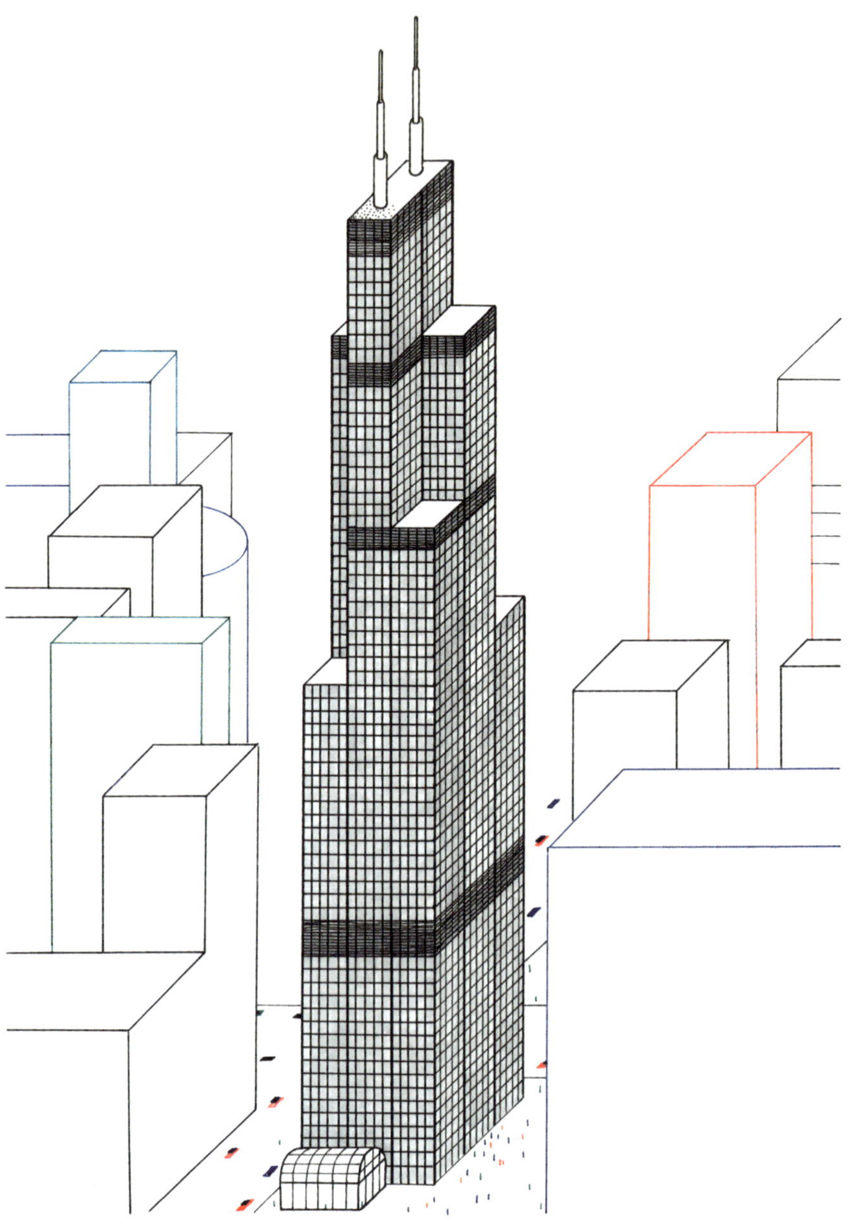

La Sears Tower (aujourd'hui Willis Tower), 1974, Chicago, États-Unis.

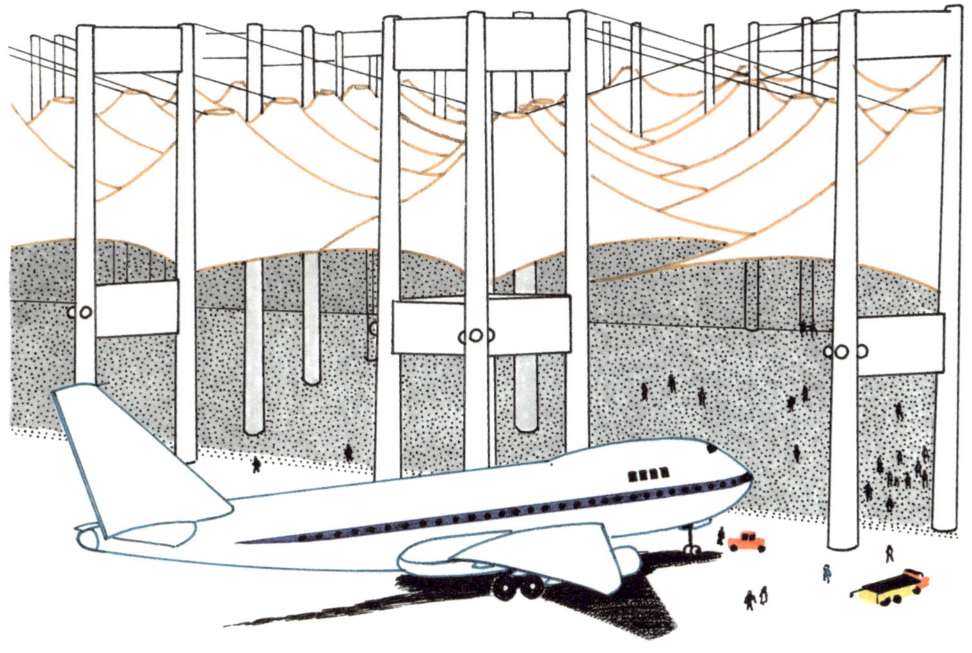

Hajj, le terminal de l'aéroport de Djeddah, 1981, Arabie Saoudite.

1992
MENARA MESINIAGA

KEN YEANG

UNE TOUR BIOCLIMATIQUE

---

63 MÈTRES

Ken Yeang (1948) est originaire de Malaisie. Il a étudié à Londres, puis aux États-Unis avec Ian McHarg, un paysagiste qui l'a incité à développer une architecture adaptée au climat à la fois très chaud et très humide de l'Asie du Sud-Est. Ken Yeang a inventé une architecture qui permet d'y remédier sans artifice.

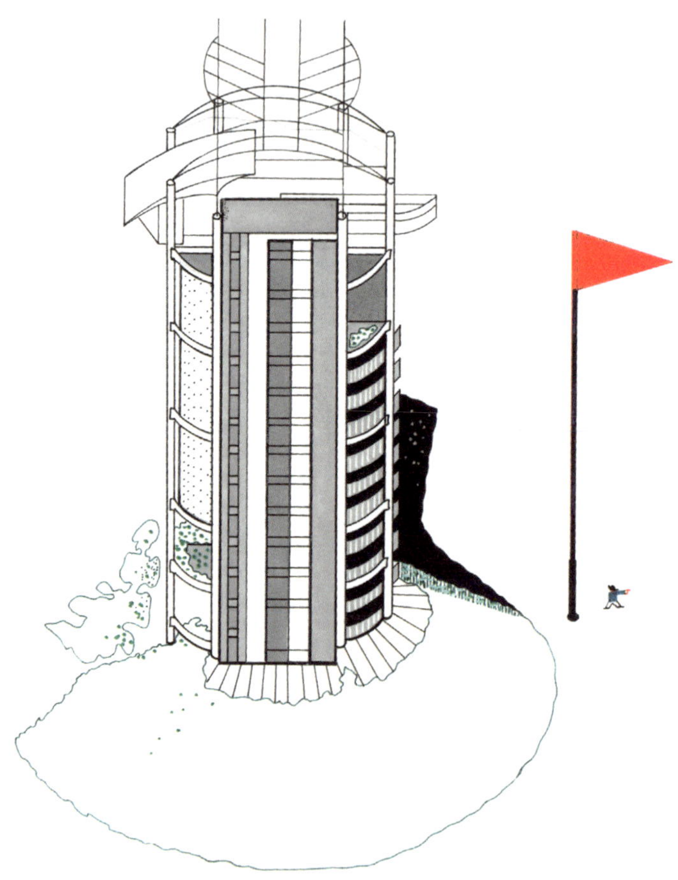

Pour la tour IBM de Subang Jaya, près de Kuala Lumpur, en Malaisie, Ken Yeang a conçu, en collaboration avec T. R. Hamzah, une structure d'acier monumentale capable de varier la forme des différents étages et de créer des terrasses plantées de végétation.

À l'est, les murs sont calfeutrés pour se protéger des rayons du soleil du matin.

La tour côté est.

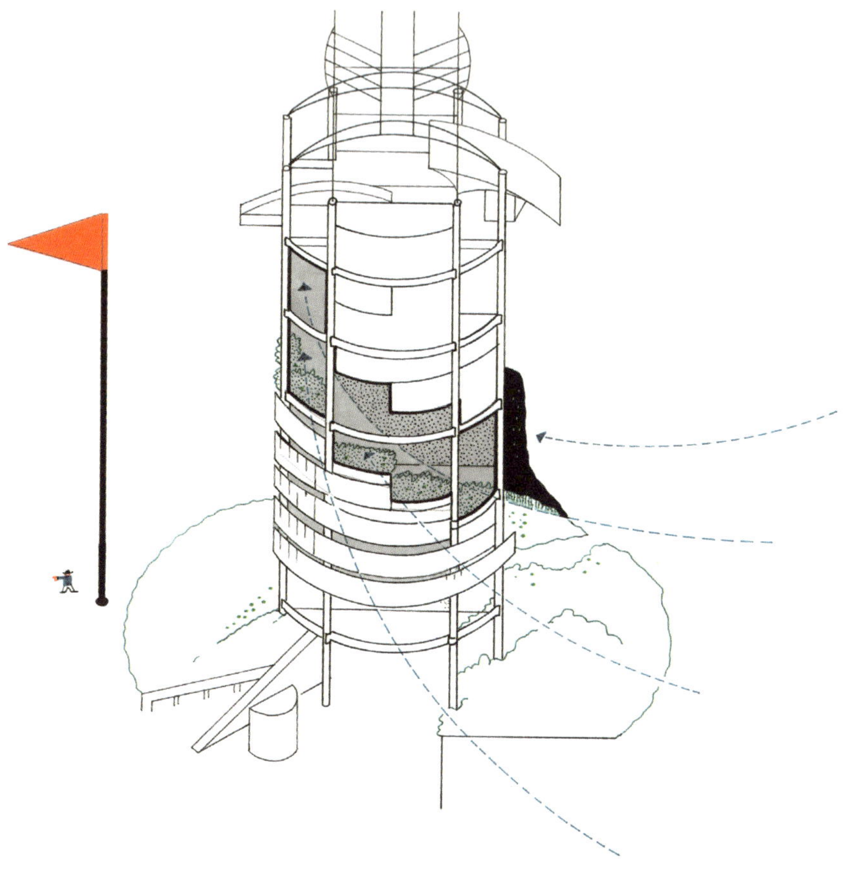

À l'ouest, la végétation progresse en spirale sur les terrasses et les bureaux sont répartis le mieux possible pour éviter les excès de chaleur.
Le vent, traversant l'ensemble de la tour, la refroidit naturellement.
Enfin, un pare-soleil abrite la piscine sur le toit.

La tour côté ouest.

D'autres réalisations de Ken Yeang :

La Roof-roof house, 1985, Kuala Lumpur, Malaisie.
La propre maison de l'architecte.

La librairie nationale de Singapour, 2006,
T. R. Hamzah et Yeang.

Ken Yeang a imaginé de nombreux projets dans les années 2000, chaque fois bioclimatiques, mais qui n'ont pas encore été réalisés. L'architecte prévoit de la végétation à tous les étages et les appelle « immeubles de bureaux velus ».

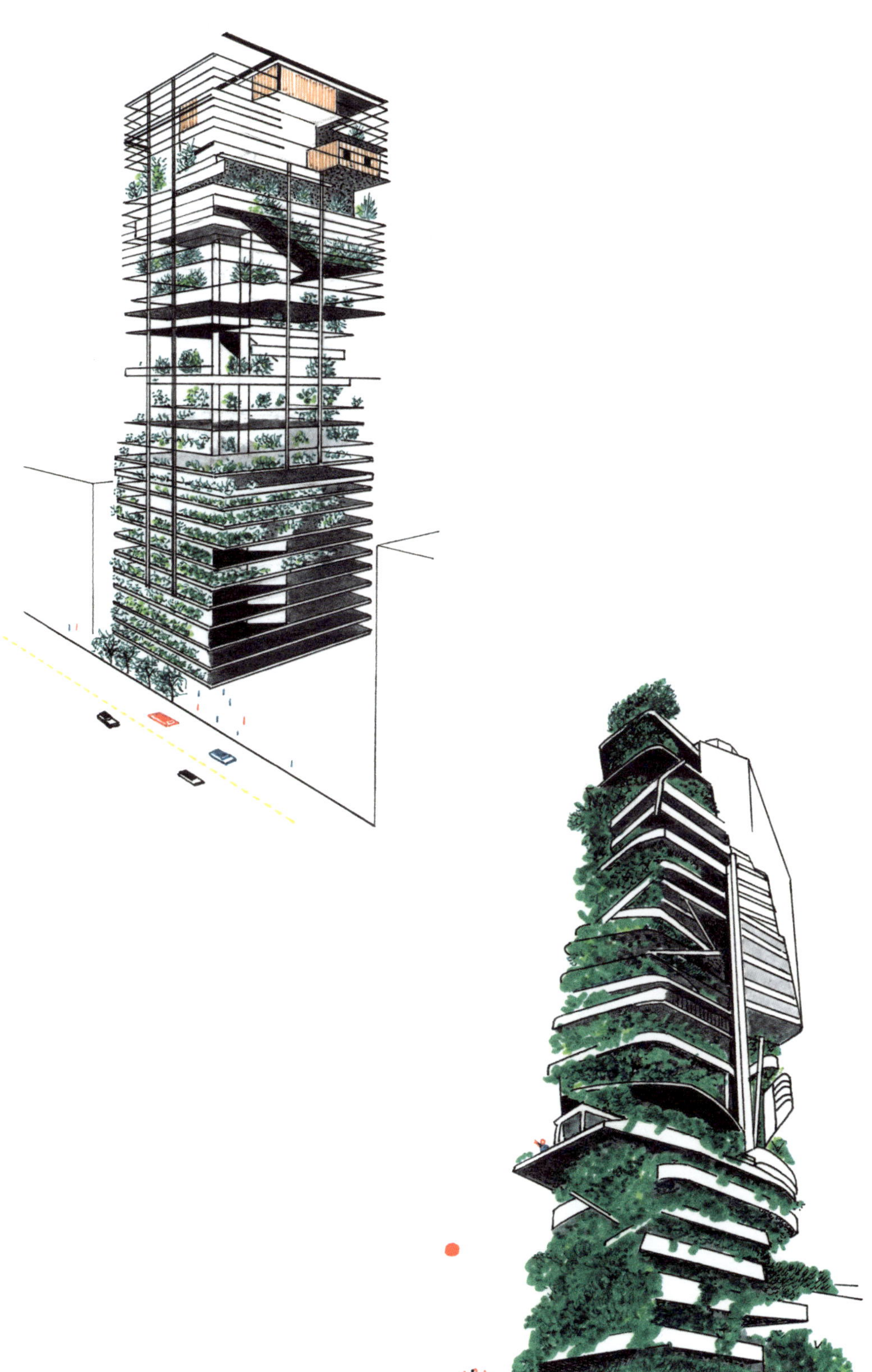

2005
LA TORRE AGBAR

JEAN NOUVEL

UNE TOUR FESTIVE

142 MÈTRES

Né en 1945, Jean Nouvel est diplômé d'architecture de l'École nationale supérieure des beaux-arts de Paris. Il est d'abord l'assistant de Claude Parent, un architecte novateur. Puis il se lance dans ses propres réalisations, souvent menées en équipes avec des plasticiens et des artistes.

Pour lui, chaque projet doit être l'occasion d'une nouvelle recherche s'inspirant du lieu, de l'histoire ou de la culture.

L'Institut du monde arabe (Paris, 1987) prolonge l'ensemble des bâtiments de l'université de Jussieu, tout en marquant sa différence grâce à une façade à moucharabiehs dont les fenêtres s'ouvrent et se ferment selon la lumière.

Pour le projet de la Tour sans fins, qui a finalement été abandonné, un long tube de 400 mètres de haut devait être érigé dans le quartier d'affaires de la Défense, à l'ouest de Paris, et se fondre dans le ciel.

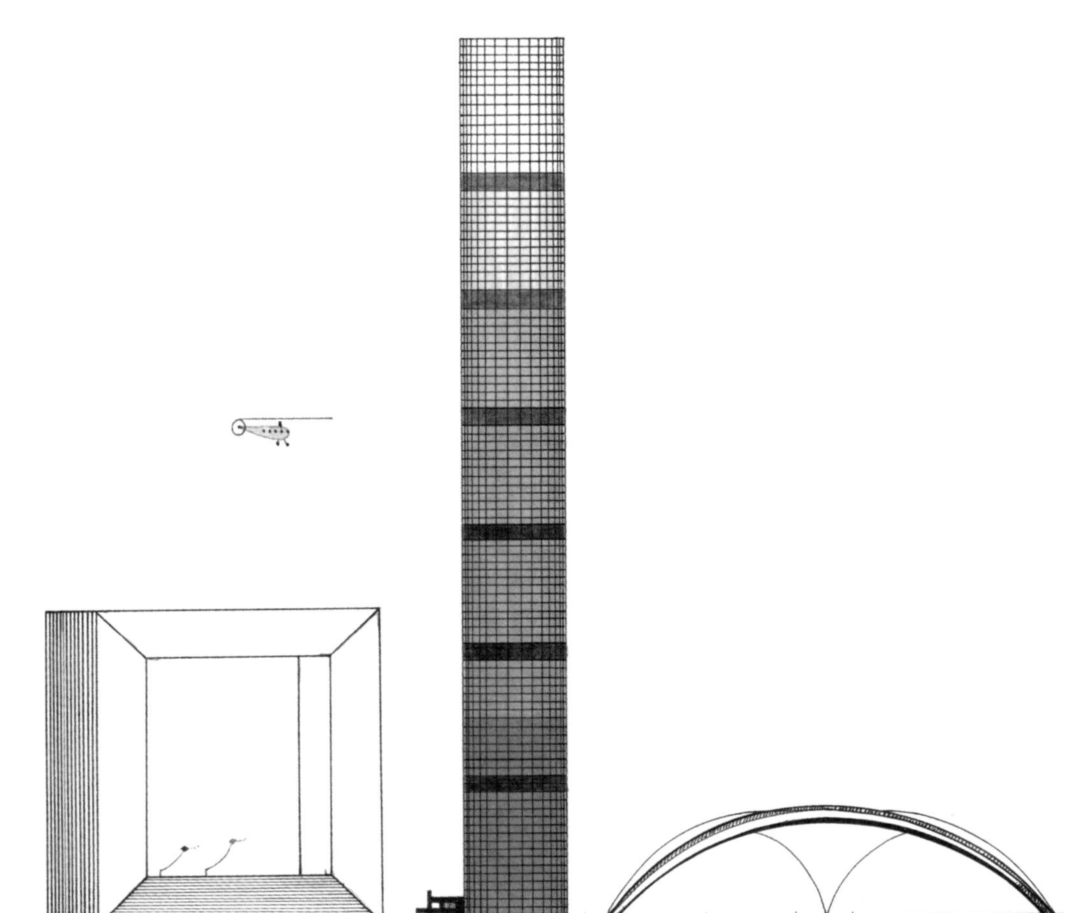

À Barcelone, le siège de la compagnie d'eau Agbar est construit en plein centre-ville. Jean Nouvel s'est inspiré de la forme des montagnes proches de Montserrat pour dessiner ce campanile de béton à la forme ovoïde.

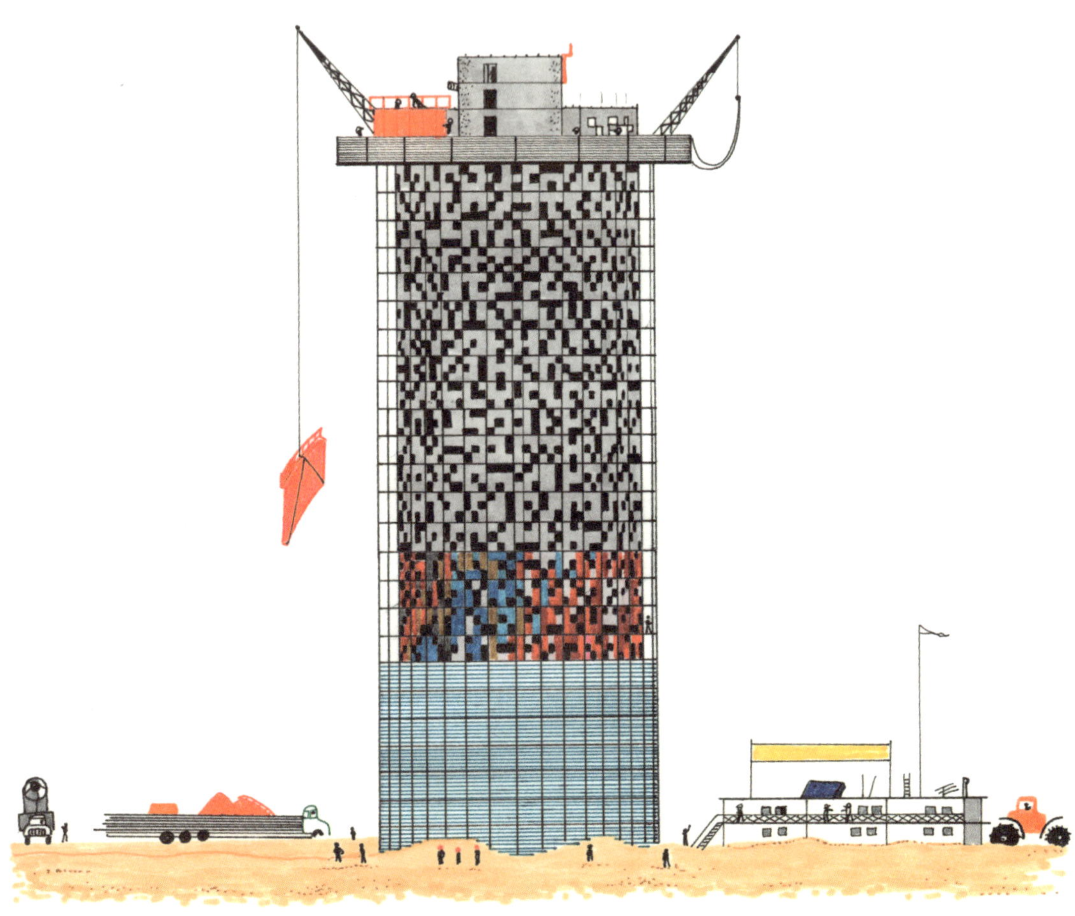

Il est composé d'un anneau et d'un noyau porteurs surmontés d'une couronne d'acier. La coque et le noyau s'élèvent, recouverts progressivement d'un bardage de tôle ondulée multicolore, puis d'une seconde peau de lamelles de verre.

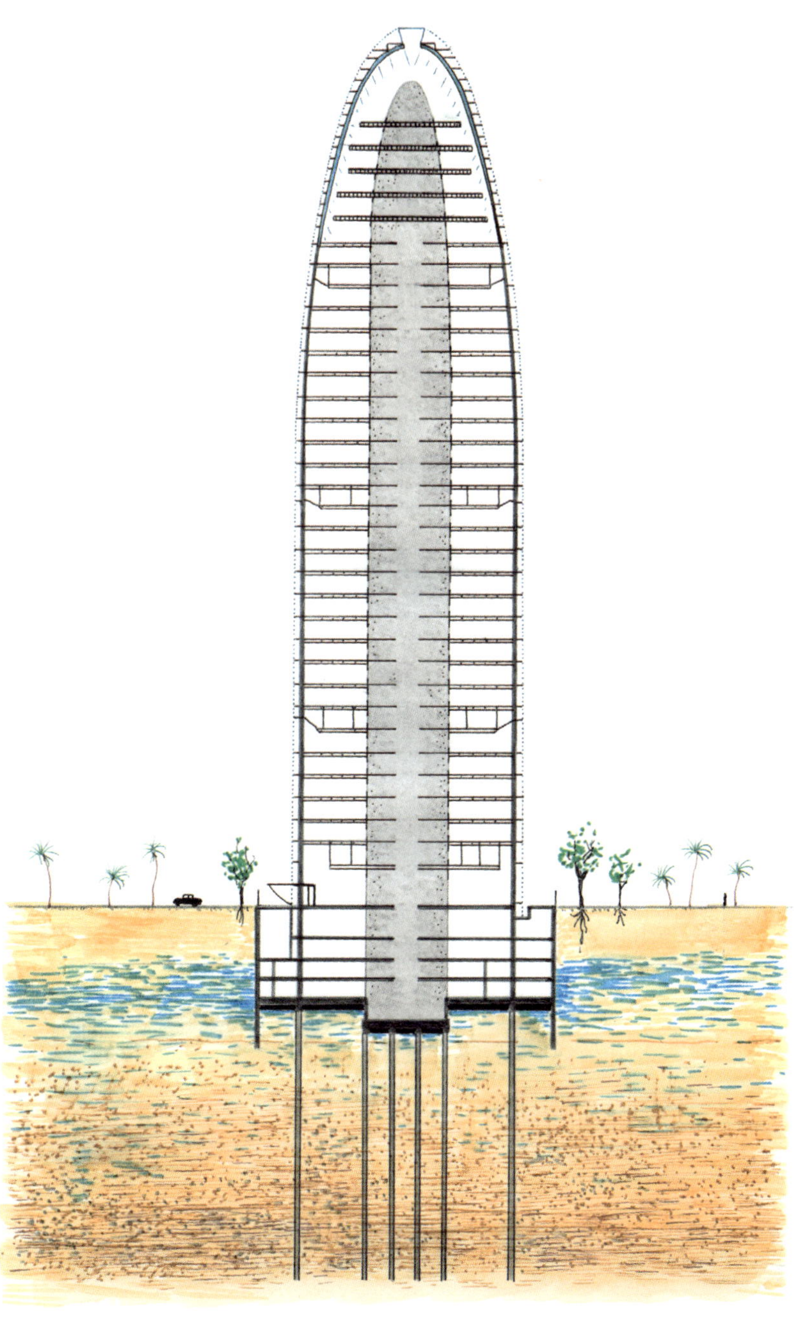

L’ensemble est construit sur un terrain gorgé d’eau et il a fallu enfoncer les fondations très profondément dans le sol.

Le jour, la tour ressemble à un geyser d'eau solidifiée, scintillant de lumière.

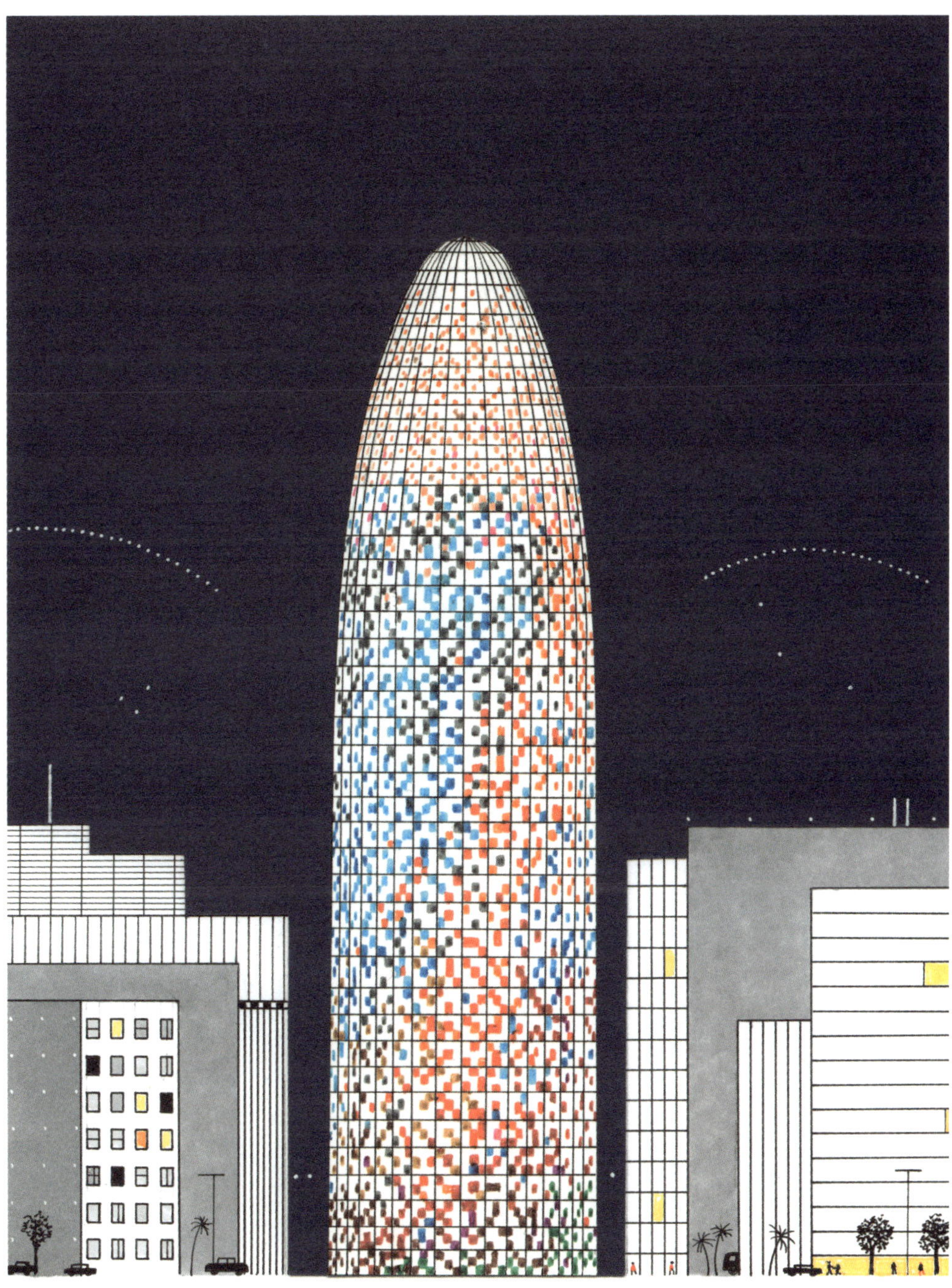

La nuit, elle s'illumine. C'est un repère dans la ville,
un symbole fort, qui rythme la vie barcelonaise.

D'autres tours de Jean Nouvel illustrent sa volonté de rencontrer les cultures du monde :

Detsu Building, 2002, Tokyo, Japon.

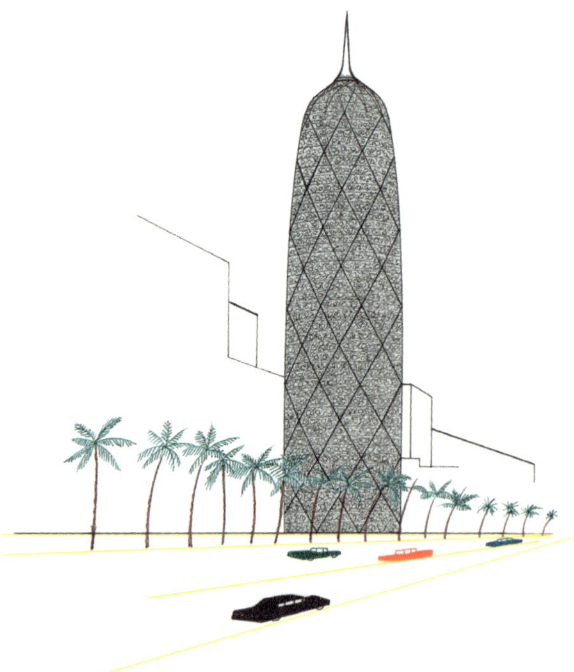

La tour Doha, 2010, Qatar.

Le Sofitel Vienna Stephansdom, 2010, Vienne, Autriche.

2010
LE BURJ KHALIFA

ADRIAN DEVAUN SMITH

LA PLUS HAUTE TOUR DU MONDE

828 MÈTRES

Adrian Devaun Smith (1944) est américain. Il a fait ses études à l'université de l'Illinois et a travaillé avec l'ingénieur Fazlur Khan au cabinet Skidmore, Owings et Merrill de Chicago. Il a aussi collaboré avec Luis Barragán, le grand architecte coloriste mexicain.

Spécialiste des buildings, cet architecte utilise les techniques les plus actuelles tout en restant attentif au fait qu'ils s'accordent aux paysages urbains dans lesquels ils sont construits.

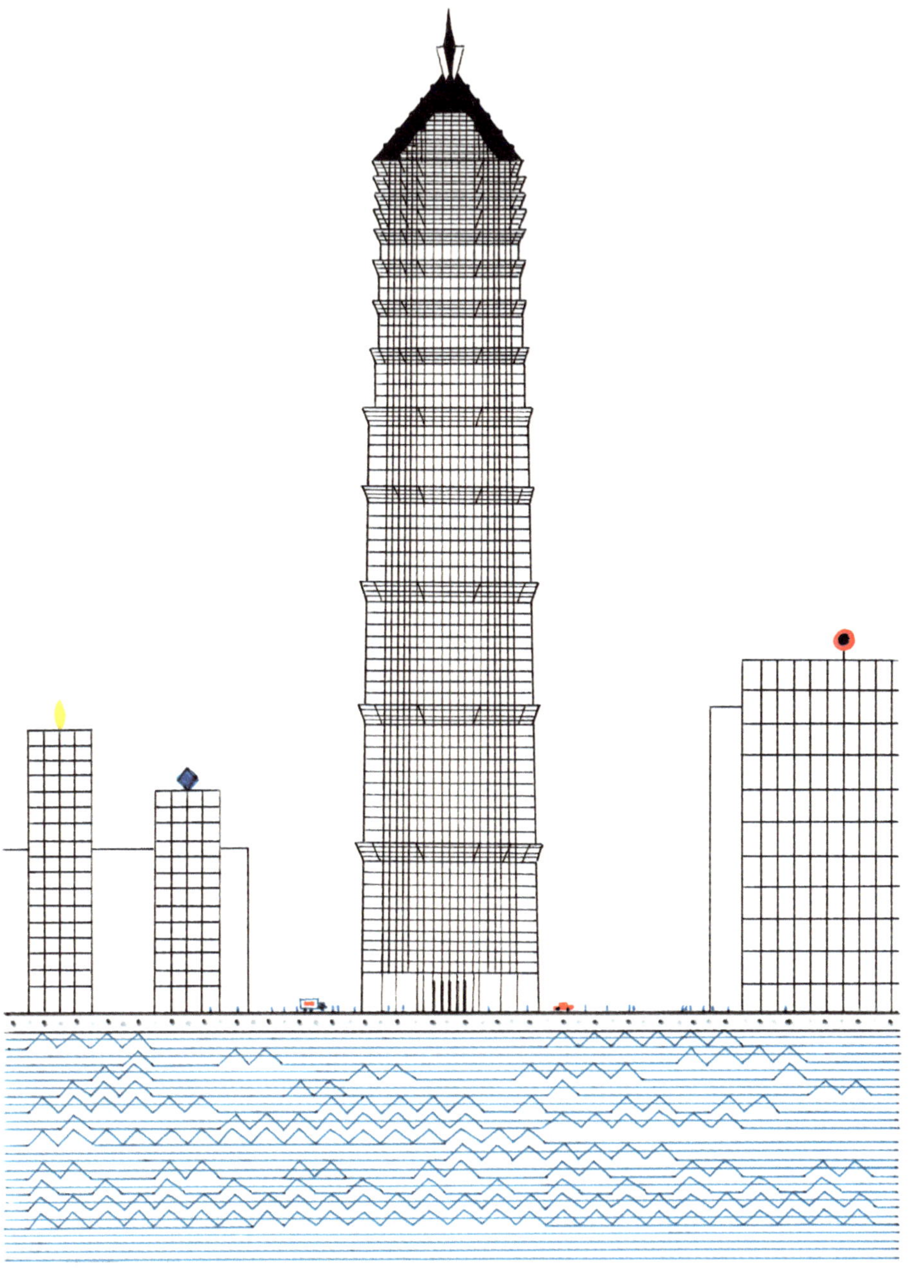

La forme de la Jin Mao Tower (1999, Shanghai, Chine) s'inspire des formes traditionnelles chinoises...

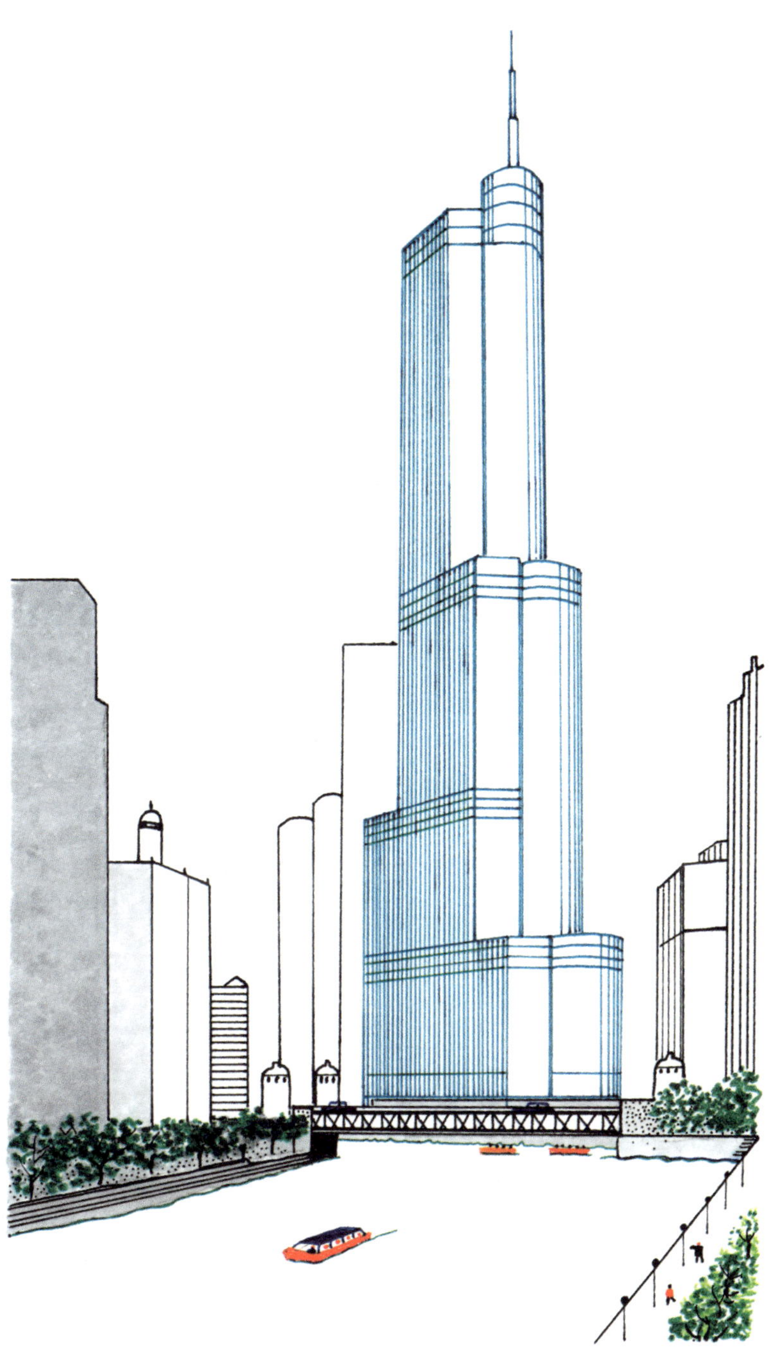

… et la Trump Tower se fond parmi les gratte-ciel de Chicago (2008, États-Unis).

La tour Burj Khalifa, destinée à éblouir le monde entier et à supplanter les tours les plus hautes du monde (la Taipei 101, 508 mètres, les tours Petronas, 452 mètres), a nécessité un chantier titanesque sur lequel ont travaillé jusqu'à 12 000 ouvriers de plus de 100 nationalités différentes. Les travaux ont duré 6 ans et ont donné naissance à une tour de 828 mètres comprenant le plus grand nombre d'étages au monde, l'ascenseur qui monte le plus haut et l'observatoire le plus élevé jamais construit, situé au 124ᵉ étage.

Dans ce gratte-ciel, on trouve non seulement un grand hôtel de luxe, des résidences et des bureaux, mais aussi un gigantesque complexe sportif et une mosquée.

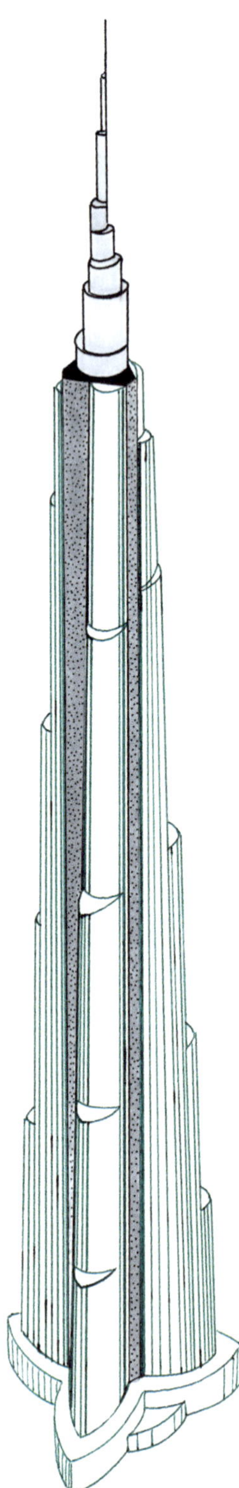

Pour résister à la pression du vent, Adrian Smith a utilisé un principe de construction original :

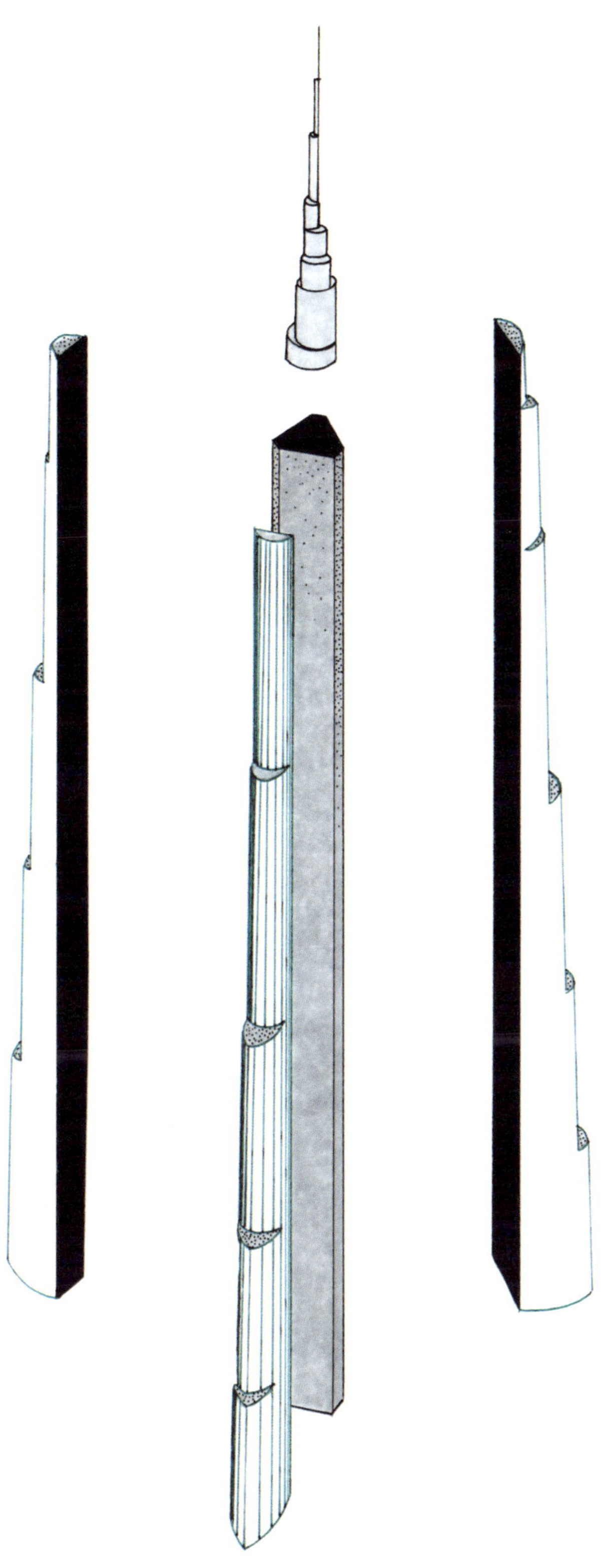

un prisme vertical en béton très solide soutenu par trois parties formant un trépied. Seul le sommet est métallique.

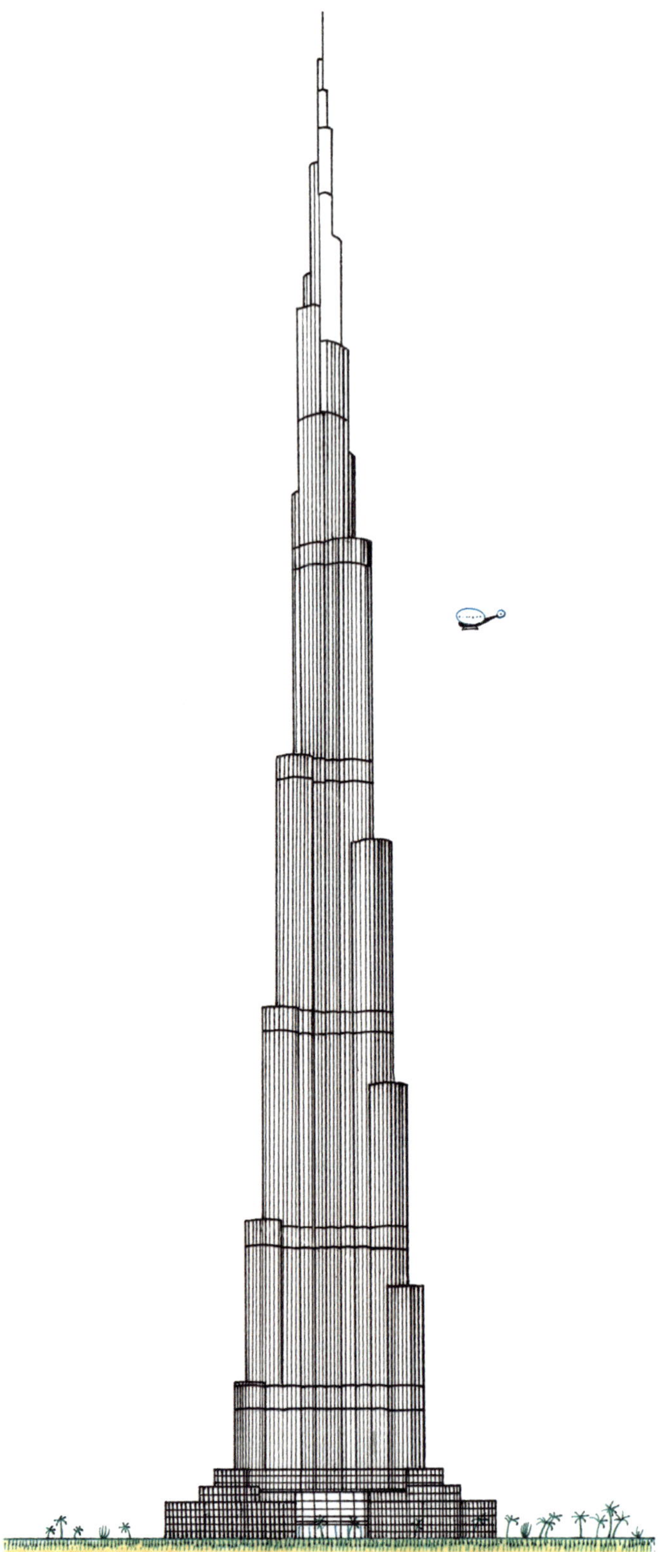

S'inspirant à la fois de plantes et d'ornementations du Moyen-Orient, la tour s'élève en spirale…

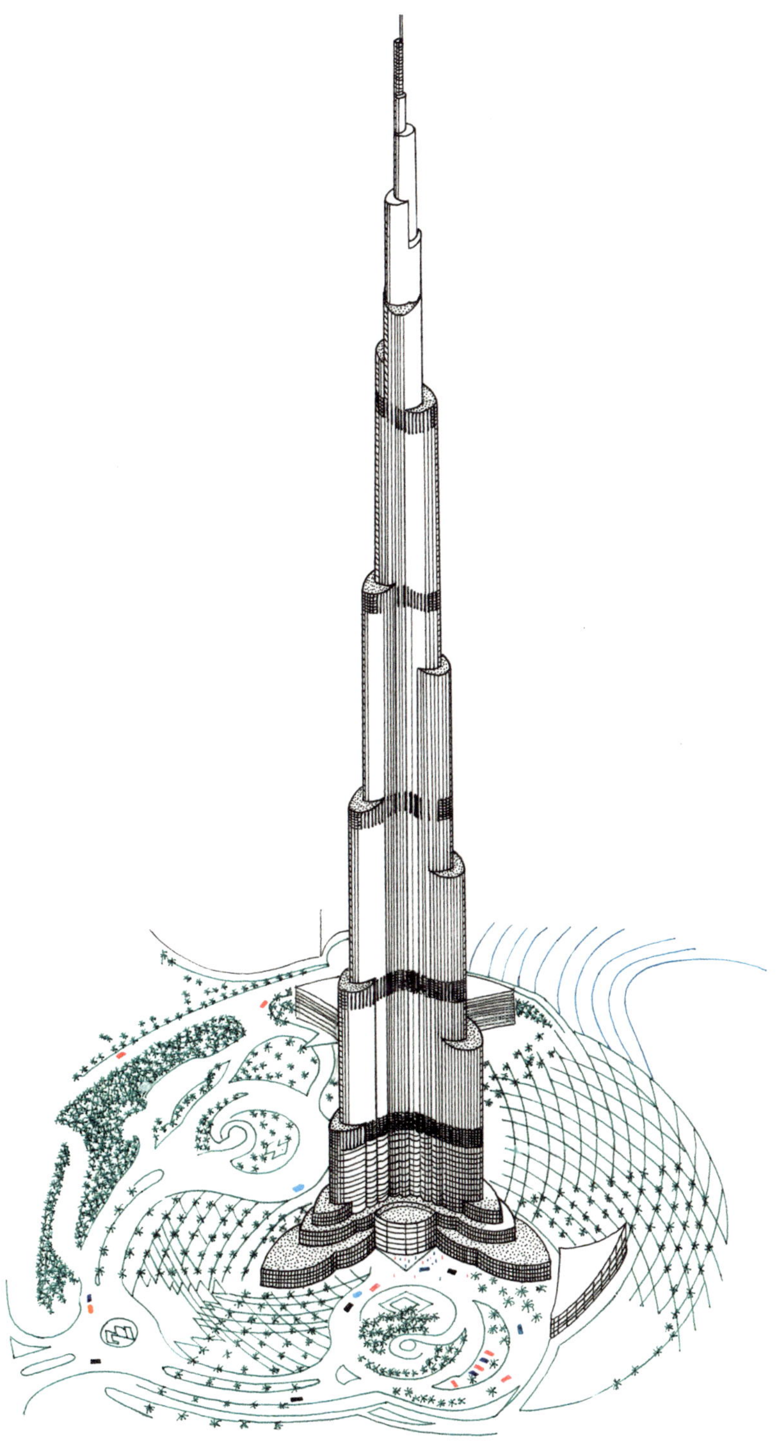

… et s'inscrit dans un impressionnant jardin divisé en trois parties marquant les entrées de l'hôtel, des habitations et des bureaux.

Adrian Smith a aussi collaboré avec Gordon Gill pour réaliser des projets bioclimatiques.

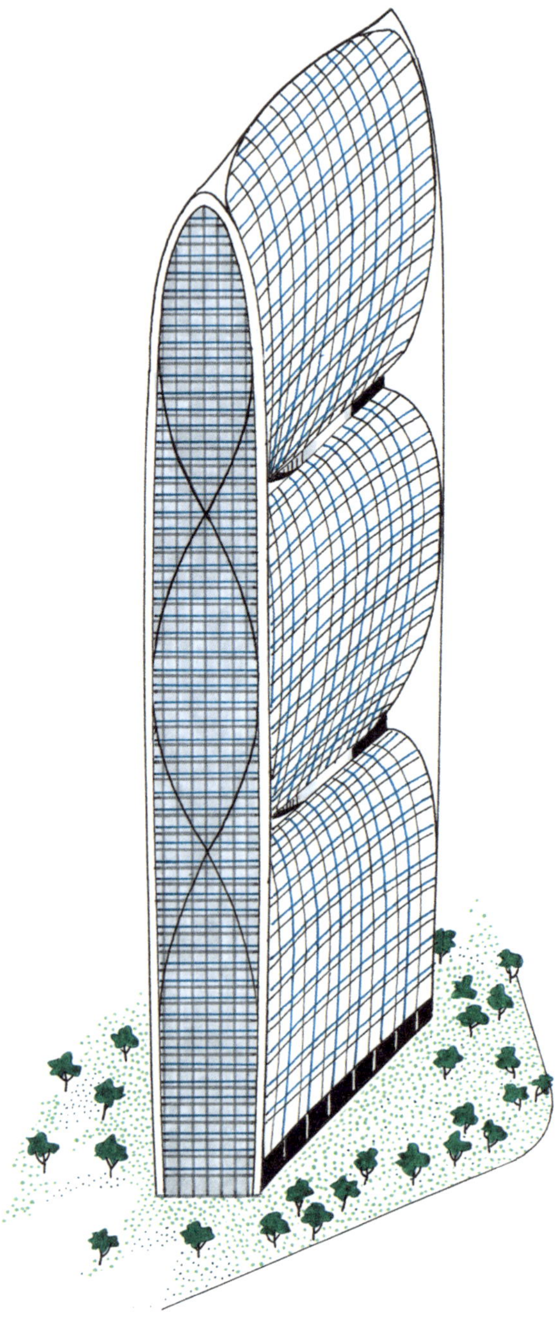

La Pearl River Tower de Guangzhou (2011, Chine) est une tour aérodynamique.

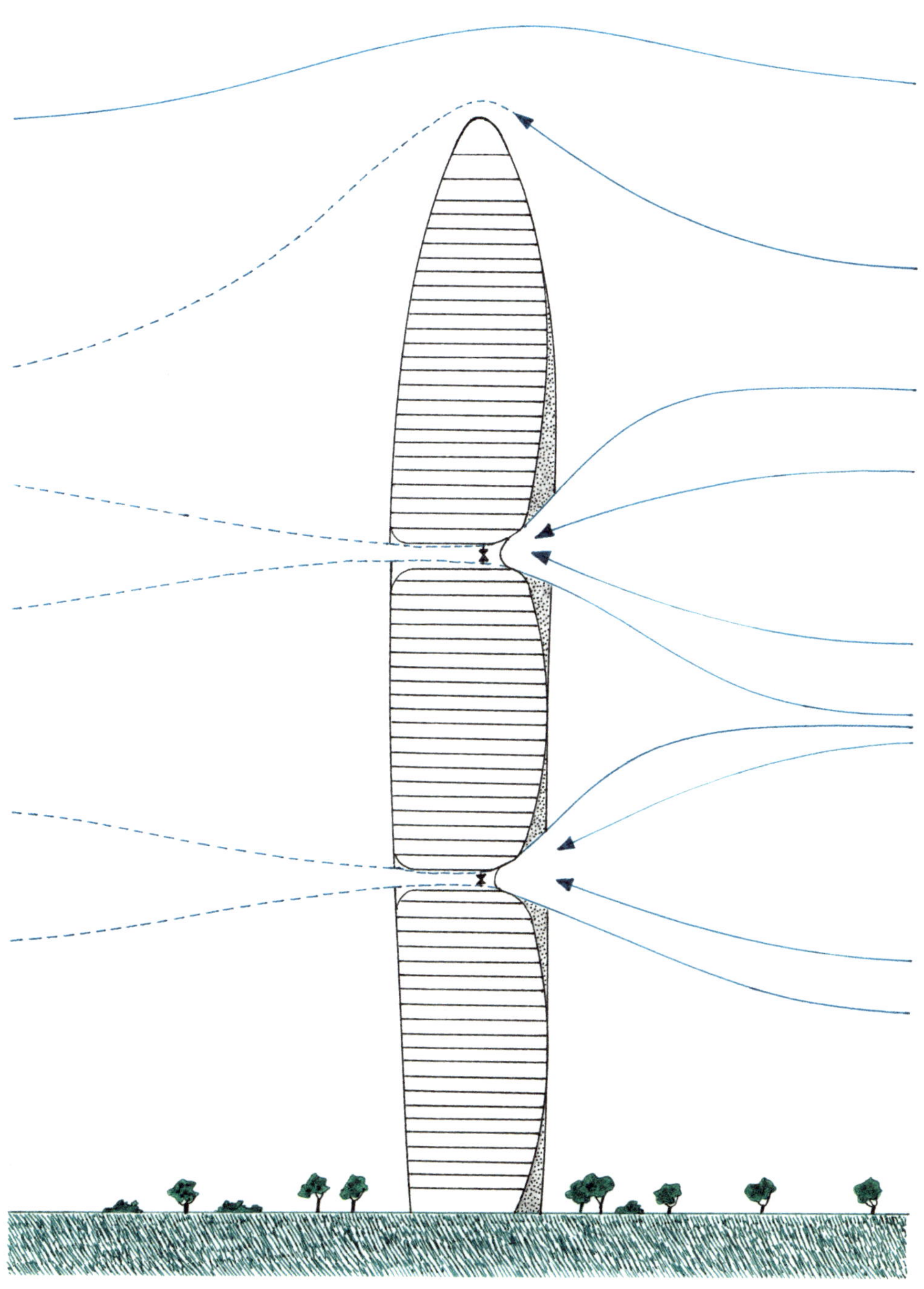

Sa façade arrondie oriente le vent vers des éoliennes, qui produisent l'électricité de la tour.

CONCLUSION

La tour à capsules Nagakin de Kisho Kurokawa, Tokyo, Japon, 1971.

L'imagination des architectes n'a pas de limites, et de nouvelles solutions techniques sont constamment recherchées pour permettre à beaucoup de monde de vivre et de travailler ensemble.

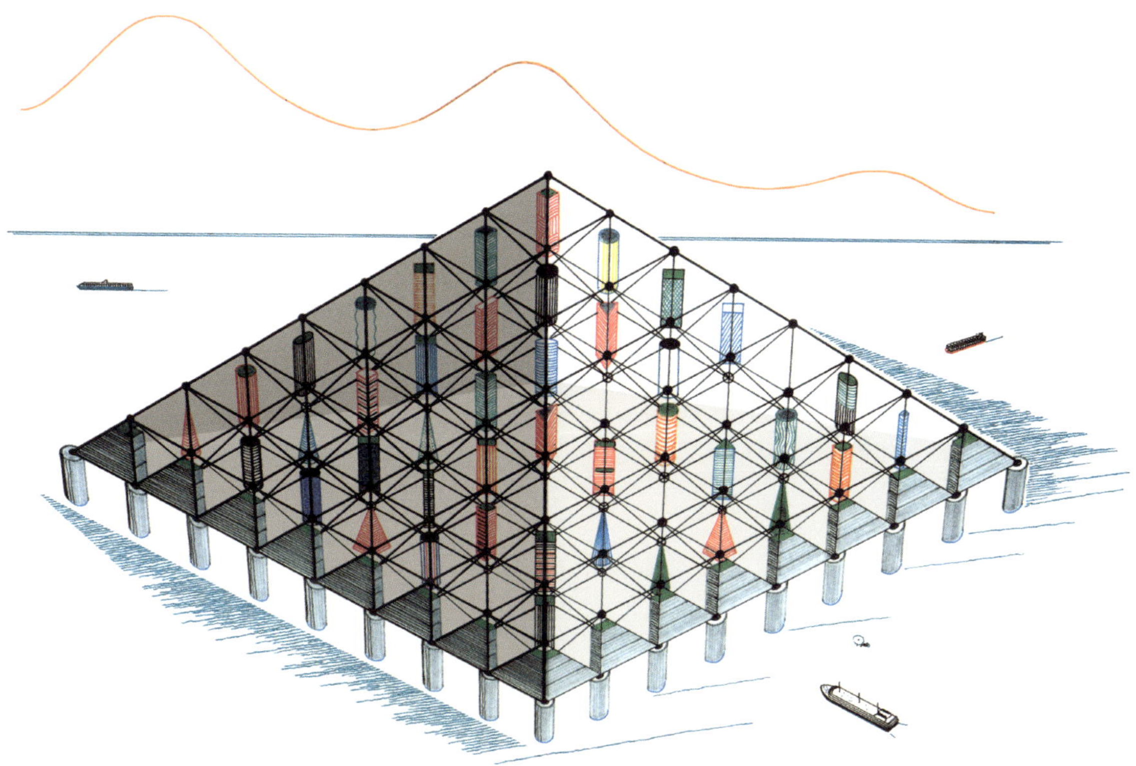

Le Shimizu TRY 2004 Mega-City Pyramid, Shimizu Corporation, Japon, pas encore réalisé.